何清 著

中國現代文學
名家傳記叢書

憂鬱的注視——艾青

欒梅健
張堂錡 策劃

文史哲出版社 印行

國家圖書館出版品預行編目資料

憂鬱的注視：艾青 / 何清著. -- 初版. -- 臺北市：文史哲，民 93

面：公分.-- (中國現代文學名家傳記叢書;15)

ISBN 957-549-583-7 (平裝)

1.艾青 – 傳記

782.886　　93024980

中國現代文學名家傳記叢書

欒梅健．張堂錡策劃　15

憂鬱的注視：艾青

著　者：何　清

出版者：文史哲出版社

http://www.lapen.com.tw

登記證字號：行政院新聞局版臺業字五三三七號

發行人：彭正雄

發行所：文史哲出版社

印刷者：文史哲出版社

臺北市羅斯福路一段七十二巷四號

郵政劃撥帳號：一六一八〇一七五

電話886-2-23511028．傳真886-2-23965656

實價新臺幣三〇〇元

中華民國九十三年(2004)十二月初版

ISBN 957-549-583-7

書系緣起

張堂錡
欒梅健

早在一九一四年九月二十三日，胡適就在一篇題為〈傳記文學〉的日記中，提出了現代「傳記文學」的概念，後來經過多方研究中外傳記，他認為，傳記是中國文學裏最不發達的一門，因此大力提倡傳記文學的寫作，胡適自己就寫了最早的一部現代自傳《四十自述》，而且還陸續寫作了四十餘部（篇）為他人立傳的作品，傳主包括老子、吳敬梓、張季直、丁文江等。透過胡適、郁達夫、朱東潤等人的理論開拓，不論是自傳或他傳，在五四新文學運動之後開始大量湧現，較為人熟知的就有沈從文的《從文自傳》、郭沫若的《沫若自傳》、謝冰瑩的《女兵自傳》、郁達夫的《達夫自傳》、巴金的《片斷的回憶》，以及聞一多的《杜甫》、吳晗的《朱元璋傳》、朱東潤的《張居正大傳》等。這些作品，使中國現代傳記文學的發展逐步臻於繁榮與成熟。時至今日，傳記文學已是現代文學中不可忽視的重要文類之一，各種思想家、文學家、政治人物、社會名人的自敘、自述、回憶錄、懺悔錄、大傳、小傳等，早已充斥於書肆，流行於市井，有時甚且拜名人效應之賜，成為一時之新聞熱點。如果暫且不論質量，而以數量之可觀來看，胡適當年「最不發達」的感慨，於今看來實已不可同日而語了。

不過，如果撇開往往只有「傳記」而無「文學」的政治、社會名人傳記，而以文學家、思想家為對象的文學傳記其實不能算多，若要進一步談到優秀與上乘的現代文學傳記那可能就令人不盡滿意了。所謂「優秀與上乘」，以胡適的話來說，就是必須做到「紀實寫真」的真實性，「給史家做材料」的史料性，「給文學開出路」的文學性，而且「應該有寫生傳神的大手筆來記載他們的生平，用繡花針的細密工夫來搜求考證他們的事實，用大刀闊斧的遠大識見來評判他們在歷史上的地位」（〈南通張季直先生傳記序〉）；若以郁達夫的觀點來說，則必須「記述一個活潑潑的人的一生，記述他的思想與言行，記述他與時代的關係」，「應當將他外面的起伏事實與內心的變革過程同時抒寫出來，長處短處，公生活與私生活，一顰一笑，一死一生，擇其要者，盡量來寫，才可以見得真，說得像」（〈什麼是傳記文學〉）。要符合以上的標準並不容易，但所有的傳記文學寫作者不妨以此為準繩，筆雖偶不能至，心卻大可嚮往之。

一切的文學都是人學。人，是大地上最動人的風景，也是文學世界裏的中心視野。傳記文學之有趣味，有意義，就在於能將一幅幅動人的生命風景鐫刻於歷史的長廊中；但傳記文學的富挑戰性、困難度，也在於人的複雜、多面、變動與深刻，即使有生花妙筆，都不一定能完全掌握傳主的精神、思想與心靈面貌。很多時候，執筆者本身的生命氣質、思想見解、人生歷練與情感投射，與傳主間的互動、感應與啓發，才是一部傳記文學作品能否得其真、傳其神、見其美的關鍵。因此，一部好的傳記作品，既要能顯現出傳主不凡的思想歷程與生活樣貌，同時也要能表現出執筆者過人的見識與文采，也就是説，一部傳記文學作品所激發、闡釋與揮灑的應是兩個生命的精華，從這個角度而言，閱讀傳記文學實在是「物超所值」、收穫加倍的選擇。當年胡適的大力提倡，今日看來也還是真知灼見。

基於以上的想法，我們在文史哲出版社不計盈虧的支持下，策劃推出了《中國現代文學名家傳記叢書》，自二〇〇一年元月出版《冰心傳》起，陸續出版了郁達夫、曹禺、巴金、朱自清、周作人、錢鍾書、林語堂、梁實秋等多部文學名家的傳記。我們明知市面上已有其他相關的傳記書籍在流通，但本著提倡傳記文學的使命，以及為中國現代文學的研究增添一分力量的理念，我們仍決定在這個系列叢書上持續深耕。令人欣慰的是，叢書陸續出版後，得到了許多讀者與研究者的好評與肯定，而這主要是因為執筆者都是這些文學名家的喜好者與研究者，他們出色的文采與深刻的洞見，使這些傳記煥發出閃耀動人的光華，也使這些傳主的生命在傳記文學裏重新又精彩地活了一回。這些撰稿者中，有的是望重士林的學術前輩，有的是銳氣十足的年輕學者，沒有他們的協助，這套叢書根本不可能問世。為他人作傳本就不易，何況是為現代文學史上熠熠耀人的知名作家寫傳，其間的艱苦就更難與人言了。身為主編，我們真是非常感謝這些參與撰稿工作的前輩們與朋友們。

出版市場的不景氣已是人人皆知，學術書籍的出版有時一波多折，有時胎死腹中，更令寫作者不勝欷歔。寫書容易出書難，出書容易賣書難，解嘲背後其實有著難言的苦辛，而這套叢書何其幸運在兩年內出版了十本，後頭還有多本陸續出版，每思及此，便不能不由衷地對文史哲出版社彭正雄社長的道義心腸、文化襟抱深深感到敬佩。這套書為現代文學開了一扇窗，為兩岸交流搭了一座橋，如果有更多的讀者願意來探窗、渡橋，那就更是美事一樁了。

二〇〇二年歲末

憂鬱的注視——艾青

目錄

憂鬱的注視——艾　青

第一章　大堰河：記憶的底色

一、童年：不同尋常的人生之始

瑞士心理分析學家榮格曾說過：「一個生命的故事也是某種機遇，從某處開始，在某一時刻我們有了記憶。」這一語之間點明了人生的某種偶緣性。從某種意義上說，人的一生就是一個「接受」的歷史，有被動也有主動。對於個體的生命而言，有些東西永遠都是不可選擇的，如我們無法選擇父母和家庭，我們也無法選擇出生的時間和地點，所以，每個人必須接受這種不可選擇的一切事實。記得在《哪吒鬧海》的神話故事裏有「剔骨還父，削肉還母」的描述，或許這就是人藉以表達的一種重新選擇人生的願望。童年是人生的開始，有的人撒滿金色的陽光，有的人在灰色中蹣跚，命運為不同的人安排了不同的起點。

艾青，一九一〇年三月二十七日（陰曆二月二十七日），出生於浙江金華的一個名曰畈田蔣的小村裏。此地雖然地處偏遠，但整個金華地界卻有著豐厚的歷史積澱，吳越文化歷經數千年化入這一片風土之中，而這種極具地域色彩和個性特徵的文化，又造就了一代代吳越人剛柔相濟的秉性。艾青在晚年談及自己的性格特點時說：「我這個人，既很硬，又很軟。我從小脾氣就很倔……無論對歧視中國人的洋人，監獄裏的看守，重慶國民黨的部長，還是我的頂頭上司，我都是倔得很。但是，我的心又是很軟的。我對土地、家鄉、窮苦人，總是充滿同情。」①俗話說，一方水土養一方人，每個人都有自己與生俱來的文化背景，這種背景是先在的，惟其如此，它會在我們身上有著必然的承傳，當艾青回眸人生總結自我的時候，誰又能說他的表述與那個叫做金華的地方無關呢？

艾青的家在畈田蔣村是頗有田產家道殷實的富裕人家，有幾十畝田地和數家商鋪，在過去的階級劃分中是屬於「地主」行列的，亦即剝削階級的代名詞。其父蔣忠樽也非封閉保守的土財主，在艾青出生時，他尚在金華省立七中讀書，因接受了當時維新思想的影響，觀念相對比較開化。當然，我們不能要求一個二十世紀初葉的中國鄉村知識者具有多麼先進的觀念和意識，就連先覺者魯迅尚且稱自己爲「歷史的中間物」，更何況是一個普通的「地主」呢！因此，他身上體現的那種「新」的有限和「舊」的必然也就在情理之中了。

據說艾青的出生是一個艱難的過程。其母樓仙籌懷孕期間有不祥的夢兆，見其子立於海中孤島，浪濤洶湧，大地晃動。並且在整個孕育過程中，她都小病不斷。及至分娩更是痛苦異常，經過了整整兩天兩夜的掙扎喊叫，真可謂驚心動魄，待到嬰兒落地啼哭聲起時，其母已然氣息奄奄了。但在中國農村家中添個男丁畢竟是件可喜可賀的事，蔣忠樽爲孩子取名「正涵」，字「養源」，號「海澄」。

面對這樣一個新生命的到來，家人在歡喜之餘，不免心生疑竇，回想之前的種種異兆，確實令人忐忑不安。樓仙籌初爲人母，孕育之苦姑且不說，就那些可疑之處已是縈繞於懷揮之不去。於是她請來算命先生，在排了嬰兒的生辰八字，搖頭晃腦的經過一番推算之後，說了一句讓孩子父母心驚肉跳的話：「這孩子命硬，剋父剋母，他不能稱你們爲父母，而應改稱『叔叔』『嬸嬸』，最好是先寄養到別處，以防不測。」這種算命的習俗是一種古老的傳統，在中國的農村社會曾經廣泛的存在，人們無力解釋的一些異象徵兆，往往通過算命先生破解其中蘊涵的吉凶禍福。因此，算命先生的一句話，影響了艾青的一生，包括與家庭父母的關係，感知世界的方式，性格心理的形成等方面。時隔多年後的一九七八年，艾青在《在汽笛的長鳴聲中》一文裏這樣寫到：「據說我是難產的，一個算卦的又說我的命是『剋父母的』，我成了一個不受歡迎的人，甚至不許管父母叫『爸爸、媽媽』只許叫『叔叔、嬸嬸』。我等於沒有父母。這就使我討厭算卦，反對迷信，成了『無神論者』。」可見，艾青在感情上對此事是耿耿於懷的，「我等於沒有父母」的告白，表明他對當初發生在自己身上的一切的不可原諒，尤其是對他的父母。

艾青被寄養在畈田蔣村一個極其窮困貧苦的人家，女主人是個童養媳，因當時重男輕女的社會風氣和童養媳低下的社會地位，再加上被賣時年齡尚小，姓甚名誰無從記憶，人輕名賤，叫什麼是無所謂的，人們乾脆就以她賣來時的村名「大葉荷」相稱，艾青筆下的「大堰河」就是「大葉荷」的諧音。大葉荷辛勤勞作操持家務，卻無法改善家境的貧困，在她生下第二個孩子後，丈夫蔣忠丕不幸亡故，孤兒寡母的生活是非常艱難的，迫於生計，將鄰村的姜正興招贅入門作了第二個丈夫，並與他生下了兩兒一女。姜正興好酗酒，且較爲懶惰，因家窮而心情鬱悶，時常藉故打罵大葉荷。當蔣忠樽把那個「命硬」的孩子寄養到大葉荷家時，她毫不猶豫地答應了下來，這大概基於兩方面的原因，一是可以得到蔣家的補貼，以緩解家庭生活困境，二是大葉荷是一個心地善良的女人，她以貧瘠的襟懷接納了一個「棄兒」。因爲奶水不夠吃，大葉荷竟把自己的女兒溺死，以便把乳汁留給乳兒。今天的人們也許會質疑大葉荷的善良，但在那個年代，爲了養家活口，不忍之忍的行爲是很難做出道德上的判斷的。對此，艾青在一九四二年寫的《贖罪的話》中有過記述：「我曾聽說，我的保姆爲了窮得不能生活的緣故，把自己剛生下的一個女孩，投到尿桶裏溺死，再拿乳液來餵養一個『地主的兒子』——我。自從聽了這件事之後，我的心裏常常引起一種深沉的愧疚：我覺得我的生命，是從另外的一個生命那裏搶奪來的。這種愧疚，促使我長久地成了一個人道主義者。」②大葉荷家的生活是貧困的，但就是這個連姓名都被忽略的苦命的女人，卻給了艾青一個充滿著溫暖的童年。儘管家徒四壁，每逢過年過節，大葉荷都要傾其所有，給他做「冬米的糖」，還把省下的新鮮雞蛋給他吃。一有空閒，便把艾青摟在懷裏輕輕撫摩，夜晚睡覺時還貼著他的臉，給他講民間流傳的一些故事。艾青與大葉荷的孩子一起朝夕相處，嬉耍生活，幼小的心靈感受著「家庭」帶給他的溫情。這一切深深地印刻在艾青的記憶裏，變成了他生命記憶中抹不去的底色。「我妹妹是吃母親自己的奶長大的，我是吃保姆的奶長大的。」「在『大葉荷』家裏的五年，使我感染了農民的那種憂鬱和傷感，使我對中國農民有了一種初步的印象。」可見，艾青身上體現一生的那種憂鬱的情懷，是與五年寄養的生活經歷密切相關的。

艾青在五歲那年被接回了蔣家，按理說與生身父母團聚是件高興的事，可在艾青的一些表述中，你看到的卻是另外一種情形。在深深的庭院裏，有著大葉荷家比無可比的富裕，但他幼小的心靈卻有做客他家的感受，「做了生我的父母家裏的新客」了，時常感到「忸怩不安」。再者，「剋父剋母」的「預言」也並未因他的回家而失效，不許叫「爸爸，媽媽」，而只准叫「叔叔，嬸嬸」。這不僅僅是一種稱謂的差異，他更多地體現的是一種血緣親情的關聯程度，人生第一步的角色確認，首先是在父母那裏完成的，「兒子」對「爸爸，媽媽」

的呼叫與「爸爸，媽媽」的熱切回應，建立起了一種血脈相連的親情關係的表達式，蘊涵其中的是無盡的關愛呵護之情。孩子在外面受了委屈，選擇傾訴的對象首先是自己的父母，從父母那裏尋求支持，他覺得父母是他最可靠的依靠，這是人倫常情，具有普遍的意義。幼小的艾青常常偷跑到大葉荷家裏，他的心靈在那裏獲得了溫情的補償。家庭對於艾青的隔膜，緣於當初算命引起的心理排拒，時隔五年，父母不讓更正稱呼的理由，除了心理依舊的防範，似乎沒有別的解釋。

弗洛姆曾說過，人最感恐懼的不是被懲罰而是被拋棄。艾青童年生活的「棄兒」待遇，留下了難以彌合的創傷記憶，對於孤獨的過早體驗，使他變得沉默寡言，這種人生最早的受挫感，直接影響到他的人格的形成與發展，而良好的家庭環境對形成健康的人格傾向是至關重要的。艾青的性格中早期就表現出一種倔強與叛逆意識，一些記憶的細節不斷地被人們用來作爲證明的材料。其一是有一次蔣忠樽的頭上被飛過的麻雀拉了一泡屎，按當地迷信的說法很是「晦氣」，要祛除「晦氣」，須得七家人家喝剩的茶葉泡著喝。蔣忠樽拿一隻木碗給艾青，讓他去討七家茶葉，艾青不去，惹得父親勃然大怒，將木碗扣在艾青頭上，艾青被砸得血流滿面，連祖父的小老婆都嚇得大叫：「要死了！要死了……」；其二是艾青的父親經常打罵艾青，有一次被打後，氣極的艾青寫了一張「父賊打我」的紙條放在父親的抽屜裏，他準備迎接一頓痛打，結果幾天過去相安無事，並且從此不再打艾青，後來艾青開玩笑地說：「可見，有反抗他也害怕。」人們常說：嚴父慈母。也許蔣忠樽對待兒子的方式，與那時的其他家長相比並沒有什麼特別的地方，可在艾青眼裏，那就是另一種感受，說道底還是「棄兒」心理在影響著他的情感判斷。

二、繪畫：天性流露中的意趣

艾青在六歲時進入本村的蒙館學習，接受人生的啓蒙教育，《三字經》是必讀內容。按照他父親「七上八下」迷信說法，一年後艾青又到了村裏的喬山小學讀初小，直到三年後的一九一九年秋天，他才正式進入距畈田蔣三里地的傅村鎮私立育德小學念書，那是一所品質較好的學校，艾青在那裏一直學習到一九二四年七月高小畢業。在此期間，一個少年的藝術興趣自然而然地流露了出來。

艾青從小喜歡雕塑與繪畫，尤其是繪畫成了他終其一生的嗜好。他說：「從少年時代起，我從美術中尋求安慰。」先是對手工藝製作的迷戀，幼小的艾青可以用粘性泥土捏出各種各樣形象逼真惟妙惟肖的造型來，其中有動物也有人物，表現出很高的靈性。有一次，在課堂上，他塑了個泥人頭像，內部掏空，眼睛、鼻子、嘴巴、耳朵都是相通的，興奮之餘，他點煙從脖頸處往裏面吹，頓時，口耳鼻眼皆有煙出，他樂不可支忘乎所以地叫起來：「看！他神氣得七竅生煙啦！」老師把他的所爲告到家裏，招致了父親的一頓打罵。

艾青在泥塑與繪畫上表現突出的興致，大抵緣於幾方面因素的影響。

一是受父親蔣忠樽的影響。蔣忠樽雖爲一農村地主，但喜好書法與繪畫，文人氣息濃郁，但凡閒暇，便在書房舞文弄墨，讀書作畫，沉浸其中，儼然一書生矣，哪有半點土財主的影子？這樣的家庭環境對子女的影響是無意識的，耳濡目染時間長了，自然會有所影響，艾青兄妹五人中有三人習畫，不能說其中沒有家庭的影響。

二是小學教育的影響。艾青在喬山小學讀書時，學校已在低年級開設美術課，配有專門的美術教員。負責教授艾青的美術教員非常優秀，不僅繪畫好，且擅長於手工製作，既能爲「文明戲」畫生動有趣的舞臺佈景，又能製作精緻的「文房四寶」。這極大地激發了艾青學習美術的興趣。課餘自不必說，就是在其他課堂上，他也時常馳心旁鶩，信筆塗抹，樂在其中。

三是民間趣味的影響。在地域文化的構成中，民間的風俗習慣、娛樂方式、審美心理等，可視爲核心內容，他對一個人童年的影響是「潤物細無聲」式的。畈田蔣村的文化展示是很有特色的，主要集中在各種節日裏。一年之計在於春，農人在經過繁忙的春耕之後，有一個相對鬆弛的心情，「鬥牛」便是這時的盛舉，這種活動原本是用來敬天地而事鬼神的，在當地源遠流長。實際上，除了鄉民藉以表達祈盼風調雨順五穀豐登的美好願望外，還有一個方面就是他們藉故娛樂，以此釋放被生活的沉重壓抑的心情。今天的人們能在視覺媒體圖像中經常看到遙遠的西班牙鬥牛的精彩場面，那主要爲了展示人的勇敢，在人牛相鬥中把一種驚險刺激的感覺傳達給人們。畈田蔣村的鬥牛是人指揮牛和牛鬥，待牛性發作，氣勢威猛，牛角向敵，性命相搏，圍觀者熱血沸騰，喊聲震天。善鬥的牛被人們冠以關公、趙子龍等古代英雄人物的名字。艾青那時稚嫩的畫作中，常出現諸如關公之類的形象，有一次他把自己畫的一張顏色鮮豔的關公的像送給了乳娘大葉荷，乳娘非常高興，把他貼在了自己的破門上。鬥牛激發了鄉民們的血性，宣洩了鄉民們的情緒。我們中國人喜歡以「鬥」爲樂，從鬥蟋蟀、鬥雞、鬥牛再到「文化大革命」中的鬥人，從小到大，無不發揮得淋漓盡致。艾青在晚年的詩作《古羅馬大鬥技場》中對此做了深刻的剖析。

另外，民間的藝術形式對艾青的繪畫興趣也產生了一定的影響。江南的廟會自古以來就頗具盛名，畈田蔣所在的孝順鎮，也在每年的秋收過後時常舉行廟會，屆時四方鄉鄰雲集，或求神拜佛，或置辦什物，或看地方戲，摩肩接踵，煞是熱鬧。而各種戲目的上演，更是爲廟會憑添了許多異彩，這對艾青是有吸引力的，這種吸引並不在於劇情內容的理解上，只在劇中人物濃妝豔抹富於變化的色彩上，只在花樣翻新不斷變換的舞臺佈景上。艾青從小表現出的很強的造型能力和敏感的色彩的感受力，是與民間藝術潛移默化的浸染分不開的。魯迅小時侯也經常去看目蓮戲，從他存留的許多文字中，分明能感受到一種民間藝術留給孩子的快樂。

四是大自然的影響。大自然是最好的老師，多姿多彩風景秀麗的家鄉山水，爲艾青提供了可以盡情感知和描摹的底本。由於不幸的童年生活在他的心靈上投下了陰影，在心理上他已很難完全融入父母代表的那個家庭。少言寡語的沉默，使他的性格變得沉靜而內向。這使得他更加願意親近自然，自然界的生命萬象，神奇而又充滿魅力，它給了艾青一個家以外的可以自由交流的空間。想那紹興的百草園，不過是一個小小的園子，卻給魯迅的童年留下了無窮的樂趣，碧綠的菜畦，紫紅的桑葚，高大的皂莢樹，還有樹葉間的鳴蟬，伏在菜花上肥胖的黃蜂，輕捷的叫天子，以及蟋蟀、蜈蚣、斑蝥等，所有這些構成的也就一方小小的天地，但它仍能讓魯迅的心靈感受到自然界的美好，並使他把這種美好長鐫心底。相較而言，艾青擁有的自然的天地要廣闊得多，他經常從課堂溜出去畫風景，春花秋葉，四時景致不同，他從中感受著自然界的奇妙變化，景入心靈便成了人化的自然，而按「一切景語皆情語」的說法，艾青興味盎然的自然寫生，或可視爲一種「移情」，孤寂的心靈在自然界中找到了寄託。

當時艾青常去寫生的地方，有一處是喬山小學後面的古定禪寺，該寺歷史悠久，據傳爲梁代所建，這裏廟宇莊嚴，古樹參天，溪水潺潺，是一處清幽之地。在這裏，艾青既可以描景狀物，又可以在清澈的小溪邊揀鵝卵石，「我小的時候，喜歡到附近的小河邊去揀晶瑩的小石子，玲瓏剔透的小石塊。」（《我曾經喜歡……》，《艾青全集》第五卷第二八〇頁）童心童趣，艾青找到了一種自由的歡樂。另一處常去的地方就是畈田蔣村旁不遠的一座小山——喬山，山雖不高，但植被茂密，尤以楓樹最爲顯眼，漫山遍野，隨處可見。到深秋時節，火紅的楓葉佈滿山岡，層林盡染，很是惹人喜愛。每到這時，艾青就被美景深深吸引，前去寫生作畫，揀拾一些比較別致的楓葉收藏。艾青說：「大自然是慷慨的。所有這些就是它的饋贈，它的施捨。我從這些東西得到了美的享受，因之，我也更愛生活。」③

也許，艾青因了他童年被棄的關係，使得他的心理在親情歸屬感上產生隔閡，過早的孤獨感使他在繪畫中實現了與自然的親近和交流，他的心靈在自然中得到撫慰。同時，在那枝充滿稚氣的畫筆下，流露出了一個少年天性中的藝術趣味。

三、金華：從此「走出去」

一九二四年七月，艾青在讀完高小之後，前去報考金華的省立第七中學，出的作文題目叫《苦旱記》，而金華當時的情形是幾十年未遇的洪災，到處農田被淹，房屋被毀，災民流離失所，一片淒慘景象。對於「苦旱」，艾青顯然是缺乏現實生活的記憶的，無事可記，他只好交白卷了，結果自然是可想而知的——落榜。對於這樣的結果，父親是很不滿的，可事已至此，也只能設法補救了。艾青在家先由父親請人給他補習古文，後又在縣立長山小學和縣立師範附小各補習半年，工夫沒有白費，艾青終於在一九二五年八月考入金華省立七中。

金華距畈田蔣七十餘里，雖然是一個規模不大的小縣城，但也絕非鄉下可比，它是方圓幾十里乃至上百里的區域內的政治、經濟、文化中心，地理位置通江達海，商賈之人南來北往，市井之中，五花八門的店鋪做著五花八門的買賣，街道的狹窄老舊，並未影響人們生活的興致，每逢集市，人頭攢動，各種吆喝聲把生活渲染得熱氣騰騰，窮富有別，但各有各的活法，在這一方古老的市鎮中卻也顯露著世俗的繁華。

艾青懷著一種「鄉下人」的好奇與激動的心情進入了金華古城，開始了他爲期四年的中學生活。金華七中據當地史志記載，上承清康熙年間創立的麗正書院，後在科舉廢除時更名金華中學堂，又過十年，改用現名。這樣的上承下傳，爲學校積澱了濃厚的學風，成爲當地頗有名望的學校。艾青前來就讀時，學校設在曾是太平天國侍王李世賢的王府，在這座透著王者之氣的府邸中，既有氣勢宏偉，飛簷翹角，雕樑畫棟的宮殿，也有設計精巧的園林。而據說此地也是歷經唐宋明清，多爲官居之所，至天國侍王，方有如此規模。在這種地方辦學，無疑又憑添了不少氣派。除艾青外，中國現代史上幾位著名人物出自這裏，有陳望道、吳晗、邵飄萍等，可見它並非徒有虛名。

學校當時開設課程是比較全面的，有國文、歷史、地理、外語、物理、化學、經濟、數學、法制、修身、圖畫、音樂、體操等必修課外，還有一些技能型的課程，如農事、木工、藤藝等，將基礎培養與技能訓練結合起來，從而增強學生應對社會的能力和選擇生活的信心。學校對學生的管理是很嚴格的，若發現有違校規的言行，輕則斥責，重責罰站，以示懲戒。對於那些尚沒有自我束力的年齡階段的學生來說，進行紀律管束是必要的，在那樣的年代，學校大抵都是如此。但艾青對這種中規中矩的生活很快就產生了厭倦心理，於是，「蹺課」成了他擺脫拘束的一種方式。「我經常裝著上廁所，偷偷溜出去畫畫」，「我不算是個守紀律的學生」。④艾青的個性還表現在一次入學不久的作文課上，當時老師出的題目叫《自修室隨筆》，艾青卻自擬一題：《一個時代有一個時代的文學》，文中猛烈抨擊了文言文。語文老師閱後寫下如此評語：「一知半解，不能把胡適、魯迅的話當作金科玉律。」這樣的記憶在歷經半個多世紀後依然清晰：「老師的批語並沒有錯，我卻在他的批語上打了個『大八叉』！」一語中隱然有自得之意。從這篇作文我們可以看出，艾青作爲中國現代第二代作家中的一員，他的成長是與五四新文化運動的影響分不開的，尤其是受提倡個性解放的五四時代精神的影響。雖然反對文言文，提倡白話文的「文學革命」具有反傳統的重要意義，但它的深味恐不是一個年僅十五歲的少年所能明白的。艾青之所以寫下有違師命的作文，多半由於刻板教條、興味索然的學習生活引起的逆反心理所致。

艾青在金華七中讀初中的三年中，繪畫的興趣有增無減，功課中也數繪畫最好。上課乏味便開溜，去做他喜歡做的事——繪畫。每逢禮拜六，離家較近的同學都回家了，經常利用這樣的時間出去寫生也是週末寂寞時光中的寄託。因此，艾青的足跡遍及金華的名勝古跡，大街小巷，還有縣城附近的自然山水，在持續不斷地歷練中繪畫水準有了較大的提高。這種進步，除了個人的努力之外，還得宜於他的美術教員張書旗的悉心指點，張出於名師門下，是一位有才華有熱心的好老師，對於在藝術上有慧根有悟性的學生，他總是格外的關注，艾青在繪畫上的秉賦引起了他的注意，在他的精心點撥下，艾青從中獲益匪淺。艾青還把自己的畫拿去參加金華的畫展，並因此而博得小名，記憶將這一點少時人生的得意處牢固地沉澱下來：「當時是男女分校。我妹妹在教會學校讀書。有一次我去看他她，當我離去時，他的兩個同學在門口喊：『下次給我們帶畫來。』我回頭看，她們馬上躲進去了。後來我問妹妹她們怎麼知道我愛畫畫，我妹妹說，她們是在美展裏看到了我的畫，一邊看，一邊說：『這是蔣希華哥哥的畫。』並說她們都喜歡我的畫。」⑤這是一種非常真切的回憶，記憶的清晰度毫不含糊地把回憶者帶回了當時的場景，由此可見艾青對於這一人生細節的重視程度。或可這樣認爲，如此細小的一個事情，卻對艾青的心理產生了難以估量的影響。首先，來自他人的識畫知名在一定程度上淡化了艾青因「被棄」而產生的心理自卑感，被人記住，被人欣賞，心情總是愉悅而滿足的，可以說，他得到了一種心理補償。其次，在不經意中得到了他人的肯定，尤其是異性的肯定，這對艾青自信心的確立是很重要的，緊隨其後的到杭州國立藝術院，到法國巴黎，都志在繪畫，這種選擇，可能與前者有著內在的關聯。

上個世紀二十年代的中國社會現實，是軍閥混戰，民生凋敝，列強環伺，內憂外患集於一時。一九二五年發生在上海的震驚中外的「五卅」運動，就是一場聲勢浩大的反帝愛國運動，影響至於金華，七中的學生聞風而動，搗毀煙館，抵制日貨、英貨，艾青和同學一起參加了這些活動。一九二六年，國民革命軍從廣州誓師北伐，其中一路進軍福建、浙江，老軍閥土崩瓦解，同年十二月國民軍佔領金華。人們興高采烈地歡呼著革命的勝利，「打倒帝國主義！」、「打倒軍閥！」、「打倒貪官污吏！」的呼聲，強烈地表達了人們對中國社會現實的不滿情緒，表達了人們要求改變現狀的迫切願望。在七中操場上舉行的盛大的群眾集會上，北伐軍將領發表了關於革命的目的就是消滅貧困落後、建設新中華的激情洋溢的演講，這種崇高的使命感，很容易在熱血沸騰的青少年那裏得到認同，站在人群中的艾青激動不已，他產生了一種從未有過的念頭：棄學從武，到廣州黃埔軍校去當兵。

當我們站在今天的角度去清點那個時代人們的精神理想時，發現總是有人以不同的方式探索著強國富民的道路，「實業救國」、「教育救國」、「武力救國」等就是那個時代傾注了許多有志之士理想和抱負的選擇。少年艾青從軍報國的理想，顯然與所處時代的現實需要與社會對武力的崇尙直接相關。從一八四〇年代起，國勢懸危，簽訂了一系列喪權辱國的條約，一個泱泱大國要在列強的刺刀底下求生存，要仰人鼻息，要看人臉色，這是極其可悲的，可國力衰微，技不如人，「鴉片戰爭」、「八國聯軍入侵」、「甲午戰爭」等無一例外的以失敗而告終。知恥而後勇，在這樣的歷史背景下，激發出民族性中「尙武」的一面也就不足爲奇了。艾青被自己的理想激動著，當他回到畈田蔣將自己的打算告訴父親後，父親兩眼混濁，默不做聲，以無聲的冷漠熄滅了艾青棄學從軍的熱情。沒有家庭的經濟支持，「黃埔夢」隨之而破滅。可能艾青的選擇超出了父親對他的預期，父親冷漠的態度也讓艾青失望，父子倆的心理衝突是不可避免的。他在後來寫的《我的父親》一文中這樣寫到：「他是一個最平庸的人，因爲膽怯而能安分守己，在最動盪的時代裏，度過了最平靜的一生。像無數的中國地主一樣，中庸、保守、吝嗇、自滿，把那窮僻的小山村，當作永世不變的王國。」這是艾青對父親的評價，字裏行間多是對父親的批評。

在這期間有一本對艾青產生了重要影響的書，名叫《唯物史觀淺說》。這是一本油印的書，按今天的說法，即非正規機構出版物，由於出版審查制度的建立，官方實際上壟斷了思想的傳播權，而所能傳播的思想必是爲統治階級服務的思想，任何被視爲異端的思想，都要被取締和扼殺。艾青得到的那本《唯物史觀淺說》，所宣揚的是馬克思主義的觀點和方法，其中有關於階級、階級矛盾、階級鬥爭等的論述。對這種讀物官方意識形態是不能容忍的，艾青偷偷地閱讀，也給他帶來了一定的風險，有一天早晨，學校吹響了緊急集合的哨聲，學生們匆匆忙忙從寢室跑到了操場，原來是校長要訓話，據說此人在「五四」運動中曾有過革命的壯舉，可算得新派人物，孰不料事過境遷，當初的革命者，如今卻是滿臉殺氣地出現在這些年輕的學生面前，做了權力體制的維護者。艾青感到事情不妙，「我裝作小便跑出來，從宿舍的後窗戶中伸進手去，把我正在看的油印本《唯物史觀淺說》取出來，丟到陰溝裏，才避免了一場風險。」⑥這本書對於艾青的影響，他自己在一九七八年寫的《在汽笛的長鳴聲中》有過這樣的總結：「革命的風暴震撼著南方的古城。不知哪兒來的一本油印的《唯物史觀淺說》使我第一次獲得了馬克思主義階級鬥爭的觀念——這個觀念終於和我的命運結合起來，構成了我一生的悲歡離合。」十五六歲的年齡，對新的思想、新的事物充滿了好奇和新鮮感，也更容易被接受，這種接受甚至會影響人的一生。比艾青大幾歲的巴金，也是在十五歲的時候，從四川成都寫信給陳獨秀，訴說了一個少年的人生困惑，希望陳獨秀能給他指一條路，不知是信沒有收到，還是陳獨秀不屑於理會一個少年的訴求，總之沒有回音。也是這時流傳的一本書影響了巴金的一生，這就是俄國無政府主義者克魯泡特金的《告少年》，於是，無政府主義成了巴金的人生理想。如果陳獨秀以他的身份給十五歲的巴金指點人生的話，也許巴金的人生理想會是另一個樣子。

從畈田蔣到金華，雖說距離不遠，但他卻是艾青「走出去」的人生開始，在這裏他接觸到了社會時代的潮流，在這裏他的眼界漸漸開闊，在這裏他有了自己的人生選擇，在這裏他初步發展了自己的藝術能力。中國歷代文人都有「遊學」的傳統，從家庭，從故鄉「走出去」，經風雨，見世面，厚德博學，希望有朝一日能經國濟世，光宗耀組。艾青始於金華的「走出去」，也可看作是現代意義上的「遊學」，他的身上寄託著父親的希望。魯迅走出紹興，巴金走出夔門，艾青走出畈田蔣，這種「走出」，由此改變了走出者的人生路向，因此，「走出去」在那個年代似乎成了追求進步，追求理想的標誌，被賦予了一種時代的意味。金華是艾青「走出去」的第一站，也是他人生的新的起點，遠足——在這裏起步。

附注

①周紅興：《艾青研究與訪問記》第三〇〇頁，文化藝術出版社一九九一年版。

②《艾青全集》第五卷第四七頁。花山文藝出版社一九九一年版。

③《艾青全集》第五卷第二八三頁。

④周紅興：《艾青研究與訪問記》第一五六頁。

⑤《艾青全集》第五卷二五〇頁。

⑥周紅興：《艾青的跋涉》第二一頁，文化藝術出版社一九八八年版。

第二章　素描：杭州到巴黎的藝術人生

一、西子湖畔的青春記憶

一九二八年七月，艾青從金華七中初中畢業，同年秋，他考入杭州的西湖國立藝術院繪畫系。該校創辦於一九二八年春，翌年秋改名爲「國立杭州藝術專科學校」，與那時的「國立北京藝術專科學校」構成南北雙峰並峙，成爲當時中國美術界人才培養方面的最高學府。艾青是該校第一屆第二期的學員。

學校位於風景秀麗的西子湖邊，孤山腳下。因學校新辦，沒有像樣的校舍，只能因陋就簡，因地制宜，教室設在三賢祠內，照膽台權充禮堂，教師辦公室放在羅苑，白公祠、蘇公祠、蓮花松舍作了學生宿舍。教學用的各種顏料、畫板、畫筆等也只能東拼西湊。學校的條件雖然簡陋，但辦學的思想卻是開放的，校長林風眠是個很有造詣的畫家，年僅二十八歲，第一次世界大戰後到法國勤工儉學，一九二五年回國，一直從事藝術教育，他帶來了西方先進的教育理念，卻又不主張完全西化，而是提倡東西方藝術之間應該融合溝通，取長補短，創造出中華民族的新藝術。林風眠深知師資在辦學中的重要性，沒有優秀的教師，就不可能培養出出類拔萃的學生。因此，他廣開門路，吸納師資，聘請的一批教授中，有相當一部分是留學歸來者，有的還是直接從國外聘來的著名教授，一時間大有群賢畢至之勢，林風眠、潘天壽、李金髮、吳大羽、李驤、李鳳白、孫福熙、林文錚、蔡威廉（蔡元培之女）、齋藤佳藏（日籍），講師有李苦禪等，這樣的師資陣容在當時國內的美術界是足可自豪的。艾青入讀時，油畫老師是王月芝，中國畫老師是潘天壽，水彩畫老師是孫福熙。林風眠也經常給學生作示範，他尤擅於大型油畫，一幅畫就是一面牆，內容多表達社會和人生的苦悶，除了讓學生掌握繪畫技巧外，還要引導學生用藝術來反映社會人生。名師的教導使艾青的繪畫水平有了很大的提高。

也許因爲在杭州的生活過於短暫，沒有給艾青留下太多的記憶。這座人工雕琢與自然山水結合在一起的城市，將精巧與細膩，將閒適與慵懶，將浪漫的傳奇與遠去的王朝的背影，疊加在一起，共同構成了這個城市的文化性格。當我們吟誦「山外青山樓外樓，西湖歌舞幾時休？暖風熏得遊人醉，直把杭州作汴州」的詩句時，若不進行詩人意旨的提示，想到的恐怕是古人繁華愜意的世俗生活。杭州在古人的記憶中是美的，也是溫軟的，它盡情地表達著世俗的欲望，讓堅硬與豪氣消解在瀰漫著醉人心魄的世風人境之中，也難怪南宋小朝廷雖然偏安一隅，卻仍能過得歌舞昇平，有滋有味。記得唐代大詩人白居易在一首《憶江南》中寫到：「江南憶，最憶是杭州。山寺月中尋桂子，郡亭枕上看潮頭，何日得重遊？」將杭州秋色收於筆底，天竺寺的中秋月，錢塘江的八月潮，一靜一動，一清幽一壯美，無不令人浮想聯翩，回味無窮。可在艾青有限的對於杭州的記憶裏，留下的卻是另一種感受：「每天，在吃稀飯以前，不論是晴天還是細雨罩住湖面的早晨，我常是一個人背了畫具，彳亍在西湖的邊上，或是孤山的樹林間，或是隨近西湖的田野裏，用自己喜愛的灰暗的調子，誠摯的心，去描畫自己所喜愛的景色。那時的我，當是一個勤苦的畫學生，對於自己，有農人的固執的愛心；對於社會，取著羞澀的嫌避的態度；而對於貧苦的人群，則是人道主義的，懷著深切的同情──那些小販，那些划子，那些車夫，以及那些鄉間的茅屋與它們的貧窮的主人和污穢的兒女們，成了我作畫的最慣用的對象。」「西湖，是我的藝術的搖籃，但它對於我是曖昧的，痛苦的。」「我不能違心的說我愛杭州，它像中國的許多城市一樣，擠滿了偏窄的、自私的市民，與自滿的卑俗的小職員，以及慣於諂媚的小官僚，和領事逢迎的文化人，他們常以爲自己生活在無比的幸福裏，就像母親似的安謐。」①

有論者把艾青對杭州的心理感受歸結爲「鄉下人」的自尊心作祟，這種說法是有一定道理的。每個人的文化背景都是先在的，農村文化背景還是城市文化背景，並不取決於個人的意願，並且在完成文化認同的過程中，也就完成了自己文化心理的歸屬。它是一個原始的烙印，時隱時現，但絕不會消失。它還有可能成爲一個人「看出去」的基點，甚或成爲進行價值評判的尺度。在這一點上，現代作家沈從文是比較有代表性的，他的文化背景幫助他在文學作品中建構了一個理想的「湘西世界」，並以此來觀照審視城市所代表的「現代文明」，「鄉下人」是他對自我的文化身份的指認。美籍學者金介甫在所著的《沈從文傳》裏對此做了這樣的分析：「在都市，即使是混得不錯的鄉下人，也沒有自己獨立的文化，他們同這個城市的價值情趣是格格不入的。很多人，很可能大多數人，會自以爲他們比城裏人在道德上要高明，即使如此，他們仍然的保持鄉下人的格局。」② 當艾青置身於省城杭州時，城鄉兩種不同的文化對比是分明的，「鄉下人」的身份很自然地顯現了出來，他對於城市文化的認知也就自覺與不自覺地帶有了審視的眼光，先在的文化背景成了他進行價值評判的依據。

艾青在杭州求學的一段時間裏，其性格中表現出很濃的憂鬱色彩。進入青春期的年齡，「自我意識」日益凸現，表現爲對自己的過分關切和對外界的極度敏感。艾青由於童年經歷的特殊性，與家庭在情感上的分離，使他過早地敏感於自我與環境的關係，但不管怎麼說，畈田蔣所代表的「家」的概念是清晰的，「家」給予他的關懷也是具體而實在的，無論艾青再怎麼表達他與「家」的情感疏離，客觀上他還是得到了這個「家」在一定程度上的呵護，這也正是他心理矛盾的所在，一方面是對「家」的排拒，一方面是對「家」的接受。當我們在面對蔣忠樽對自己兒子的教育安排時，覺得這已是那個時代農村教育的最好條件了，蒙館、小學、中學、大學、留學，即使在今天都是令人羨慕的求學過程，這一切無一不是在家庭的支持和資助下完成的，這在當時的農村是很困難的，即便同是地主家庭，也是許多人望塵莫及的。由於有過「被棄」的經歷，「破鏡重圓」那也是「破鏡」，裂痕是難以從根本上修復的，父母所犯的錯誤是不可原諒的，這種記憶提示使艾青永遠擁有了對「家庭」進行道德譴責的依據。到杭州求學時，隨著年齡的增長，成爲獨立的個體的意識強大起來，潛藏於性格中的一些因素也漸漸顯露出來，表現爲一種可以感知的青春期的憂鬱與孤獨。

「家」的遠離與對城市文化的不適，使得艾青在精神上真正處於離群索居的孤獨狀態。「喜歡用灰暗的調子」去畫景物，而「灰暗的調子」便是他當時心境的真實寫照。「因爲自己處境的孤獨，那種飄忽與迷濛，清晨與黃昏的，浮動著水蒸氣的野景，和那種近海地帶所常有的，隨氣候在變幻的天色，也常爲我所愛。」（《憶杭州》）杭州的「野景」與「天色」給艾青帶來了人世以外的溫暖，孤獨的心靈從中得到了些許慰藉。「除了繪畫，少年時代的我，從人間得到的溫熱是什麼呢？我曾凝視過一個少女的側影，但那側影卻不曾在我的畫冊上留下真實的筆觸之前就消隱了。」不知道這算不算是一種性意識的覺醒，對異性的愛的渴望在「凝視」的目光中留下了一些「溫熱」便匆匆消失了。艾青對杭州的總體記憶是灰色的：「它所給我的，是最初我能意識的人生的寂寞與悲涼」。

在孤寂的心境下，艾青的閱讀幫他找到了一位精神的伴侶，「就在那時，我開始讀了屠格涅夫，而且也愛上了屠格涅夫。」爲什麼在眾多的作家中他能夠傾心於屠格涅夫，我想這可能與屠格涅夫作品中傳達的精神氣質得到艾青的認同有關。屠格涅夫是俄國十九世紀著名的批判現實主義作家，他對於愛情的執著，他對於鄉村生活的記憶，他對於大自然的讚美以及對人的心靈世界的描寫等，都在艾青那裏得到了情感上的回應，尤其是屠格涅夫身上表現出的知識份子的自由主義和平民主義的精神氣質，更是得到了艾青的親睞。他從《獵人筆記》等作品中汲取著精神的溫暖與人性的關懷。

二、塞納河畔的藝術之旅

艾青在杭州西湖藝術院學習了不到一個學期，院長林風眠的一句話，使他的求學生涯發生了根本性的轉變。他在《母雞爲什麼下鴨蛋》一文中對此有這樣的回憶：「沒有念完一個學期，院長發現了我。他說：『你在這裏學不到什麼，你到外國去吧。』」「第二年春天，我就懷著浪漫主義的思想到法國去了。」在如此簡單的幾句話中是很難窺見當時的確切情形的，至於林風眠何以會在眾多的學生中發現並不出名的艾青，眾說不一，我傾向於這樣的說法：因艾青畫了一組名爲《迷路》、《橋》、《難行》的畫，在參加學校的展覽時被院長發現。那些細節的差異並不重要，重要的是「發現」本身對於被發現者產生的影響，從他的回憶中，艾青對自己的繪畫秉賦被校長發現而由此產生的心理滿足感是不難看出的，因爲這件事向他傳達了一個準確無誤的資訊：你是如此出色。這對於艾青暫時擺脫憂鬱壓抑的情緒，走出灰暗的心境，提供了巨大的信心支援。

艾青留洋的想法要付諸於行動，首先要過的是他父親這一關，畢竟自費留學所需的資費數目不菲，不是一般的家庭所能承受得了的。蔣忠樽是一個在金華農村殷實的家道中過著閒散生活的人，庸常的生活勢必將他的思維囿於非常實際的目的，他並沒有看出兒子遊學法蘭西的必要性，對這樣的要求是持否定態度的。但艾青去意已決，他從杭州請來他的老師孫福熙給父親遊說，大講留學的重要性，並給艾青做擔保。據艾青回憶說：「就這樣，我騙我父親外國留學回來可賺大錢，他給了我去法國的路費，我就跑出去了。」其實父親的妥協恰好說明了他的善良，他拿出一千塊鷹洋給艾青做盤纏，這不是個小數目，他給兒子的支持是實在。母親還偷偷地把自己積攢多年的私房錢拿出四百光洋給了艾青。如果說當初把艾青送到大葉荷家是他們犯下的不可饒恕的錯誤，那麼現在拿出這麼一大筆錢讓艾青出國留學，是不是有一種補償的心理在起作用？也許艾青給父親的允諾叫父親心存幻想亦未可知。搞藝術在那個時代老百姓眼裡是沒有出息的，做家長的都希望自己的孩子學經濟、學法律。當年徐志摩也是這樣，他的父親是浙江海寧硤石鎮頗具規模的醬園作坊主，在兒子出國留學時，也希望他學經濟，沒想到兒子由經濟而哲學，由哲學而文學，這離了父親預期的非常實利的軌道。

艾青懷著激動的心情期待著這次遠行，他要去的是一個遙遠的國度，儘管那裏和自己毫無牽掛，他依然嚮往那個有著太多未知的地方。而人都有獲得遙遠的事物的欲望，這或許是激發艾青遠涉重洋的內在原因。他在《少年行》中這樣寫道：「像一隻飄散著香氣的獨木船，／離開一個小小的荒島；／一個熱情而憂鬱的少年，／離開了他小小的村莊。」從詩句中可以看出艾青對於故鄉的情感是暗淡的，厭惡的，村莊像「荒島」，「少年」像是一隻「獨木船」，在心理上這是一種孤獨的逃離。「而且那些比我愚蠢的人們嘲笑我，／我一句話不說心理藏著一個願望，／我要到外面去比他們見識得多些，我要走得很遠——夢裏也沒有見過的地方」。由此而想到魯迅，他對於紹興的情感也是憎惡的，暗淡的，因為那裏給了一個少年太多的傷害，險惡的世道人心給他留下了難以忘懷的創傷記憶，怎麼可能親切得起來？艾青對故鄉的記憶也是傷痛的，「被棄」的經歷永遠都是淡化情感聯結的提醒，因此，獨自遠行時的邁步也就比一般的人輕鬆了不少。

一九二九年春，艾青與老師孫福熙、同學雷圭元等人由杭州出發，結伴而行。他們先到上海，然後乘坐法國郵船去巴黎。由於路途遙遠，在海上漂泊了一個多月，再加上出於節省經費的考慮，他們買的艙位等次較差，一路擁擠、嘈雜、烏煙瘴氣，寂寞孤獨，這樣的旅途是不可能有好的心情的。沿途經過了香港、西貢、新加坡，穿過麻六甲海峽到可倫坡，越過印度洋到紅海，再通過蘇伊士運河到地中海，最後抵達法國馬塞港。漫長的旅途，辛勞是自不待言的，稍事休息後即起程前往巴黎。當他們站在埃菲爾鐵塔下時，心目中的藝術之都以無言的魅力緩解了他們旅途的勞頓。

初來乍到，舉目無親，何處落腳都是個問題。在到巴黎的當天，艾青和雷圭元、俞福祚等人找到了在市郊玫瑰村的一個住處，主人叫格里姆，是法國人。之所以選擇住在城市的邊緣，也是囊中羞澀的緣故，市區房租很貴，市郊則相對便宜，像艾青這樣的自費留學生，若沒有厚實的家庭經濟背景，精打細算的用度是必不可少的。艾青的父親不知是無力負擔這筆開支，還是其他的什麼原因，不再有經濟上的支持，迫於生計，艾青開始了半工半讀的生活。在當時的留學生中，官費留學的生活是比較安定的，沒有衣食住行的後顧之憂，這部分人都有普遍的優越感。而自費留學的絕大多數境況窘迫，自力更生，以工助學，便是他們繼續學業的唯一方式。艾青和俞福祚剛開始在一個美國人開的工藝作坊打工，「我就在一家工藝美術的小廠工作，一邊進行自修。」這家小廠做一些工藝性的打火機、香煙盒，分好幾道工序，艾青所做的就是模仿買主的簽名用中國漆描在打火機和香煙盒上，這對艾青來說很容易做的事，雖然單調乏味，沒有創造性，但每天按件計酬，算算也有二十幾個法郎的收入，一月下來，是可以用這筆錢打點生活的。

在市郊住了一段時間後，艾青和俞福祚搬到了市區，住在巴黎第六區伏西拉爾大街一個葡萄牙人開的旅館裏，「住在一個小房裏，但不是頂樓，房間還可以，就是有一個下水管道，房租便宜些」。③艾青搬到市區的主要原因是爲了學畫看畫方便，二十世紀二三十年代的法國，匯集了世界上各種流派、不同風格的畫家和藝術作品，到處都是畫廊、畫展，是真正的藝術之都。艾青不屬於正規的大學留學生，也不可能接受巴黎學院派的規範系統的藝術教育，他像一個散兵游勇，完全靠自己去感受與摸索。看上去這種學習方式帶有很強的自主性，也符合艾青崇尚自由的精神習性，但它存在的缺陷也是明顯的，沒有專業性的指導與訓練，沒有系統的理論學習，一定程度上制約了艾青在繪畫道路上的發展，這是後話。艾青依舊上午打工，下午學畫，他經常到蒙巴那斯大街上的一個「自由畫室」畫模特兒，主要是去畫人體素描，很少有機會畫油畫。這大概也就是後來艾青爲什麼素描畫得很好，而很少有人見過他畫油畫的原因吧。巴黎眾多的畫派中，最吸引艾青的是印象派繪畫。馬內、莫內、塞尙、德加、雷諾瓦、畢卡索、尤脫里俄等印象派畫家的作品他比較喜歡，可能是這類作品中傳達的那種親近自然的生命狀態、突出色彩的主體意識契合了艾青的審美取向。他不喜歡法國學院派繪畫的那種保守的死氣沉沉的畫風，他中意於印象派畫家在作品中表現出的那種奇思妙想和光色運用的高超藝術。

語言是瞭解和認識一個民族的鑰匙，如果語言有障礙，就會妨礙不同國家、不同民族人們之間的交流與溝通。艾青對於法語的學習也是一件別無選擇的事，據說與他敏感的繪畫能力比起來，語言能力則顯得遲鈍多了。他先是進了一所法語補習學校，這裏的學習沒有固定的時間，這很符合艾青的性情，可以自由隨意一點。也就是這次學習語言的機會，讓他結識了一位異國的姑娘，初次感受到了來自異性的朦朧的愛意。艾青的同屋俞福祚請了一位波蘭女孩補習法語，每週輔導三次，到他們宿舍授課。剛開始艾青並未曾留意，也沒感到有什麼特別。有一次，她看到艾青正在讀一本馬雅可夫斯基的詩集，便說了一句：「馬雅可夫斯基自殺了，你知道嗎？」艾青只知道幾年前有個叫葉賽寧的詩人自殺了，答道：「那是葉賽寧。」女孩馬上糾正道：「不，是馬雅可夫斯基。」在兩人各自的堅持中，艾青意識到了自己語言上的欠缺，女孩的見多識廣和執著認真使他產生了特別的好感，於是，他對女孩說：「請您教我法語可以麼？」顯然，女孩對艾青也是懷有好感的，她並沒有拒絕他的請求。自此以後，他們在一起讀書學習，討論問題。除了教艾青學習法語外，女孩還經常向艾青借書閱讀，在一借一還中，增進了兩人之間的瞭解和友誼，由於她是學心理學專業的，她對文學作品的欣賞也重在心理的感受，如她向艾青表達了她對陀思妥耶夫斯基作品的讀感，認爲太壓抑了。相對相言，她更喜歡雨果、莫里哀、拉辛等作家的作品。青春是美好的，青春自有屬於青春的故事，兩個生活在異國他鄉的青年男女，建立起了一種充滿溫馨的友誼與情感，心與心在朦朦朧朧地靠近，在學校圖書館的門口他們「巧遇」，在撒滿月光的林蔭道上他們漫步，這似乎可以用浪漫與美好來概括了。後來女孩從校舍搬到了巴黎郊區一所路易時代的古宅，艾青還專門有一次造訪，關於這次造訪的心情肯定是激動和興奮的，它給艾青留下了如此清晰的記憶和難以忘懷的感受：「在你那裏／有個中世紀的巴黎／——遠離了喧囂」，「當我「從遙遠的旅舍／經了長長的散步／來到你的居家裏時／真像那久久倦游的旅客／走進了一座異地的教堂／——在終日聒叫的城市當中／也得到片刻可貴的安息。」「我走上暗暗的樓梯／你引我悄悄的進去／在寬大的無光的房裏／回流著古木的氣息：／我感傷地凝視著：／路易士朝式的傢俱／波斯文彩的瓷器／和黑色雕花的書架上的／拉辛，莫里哀，雨果的全集。」④古宅無聲地訴說著它的歷史，但在年輕的姑娘手裏已沒有了那種因古老而帶來的陰森感，它顯得整潔溫馨，瀰漫著書香的氣息與青春的芬芳。艾青在這裏感受著女性特有的氣息，心生愛意，情動於中：「當那靜靜的風／拂動了白的窗帷，／你開始以微溫的呼吸／噓動你水波形的／單薄的胸間衣縐；／停滯在思索裏的／幽默的藍眼／在揣想我幽默的心懷；／你金黃的卷卷長髮／在我的眼前／展開了一個／幻想的多波濤的海……」。這首詩是艾青日後回憶時的感情細描，第一次如此親近一個異性，第一次將愛慕記憶心底。就是這樣一段異國的情緣，朦朧中開始，又在朦朧中結束，不久女孩被波蘭的父母召回，艾青也隨後回了自己的祖國。回國後，他還收到了女孩寄自波蘭的信和照片，但隨著艾青被投入監獄，兩個異國青年男女的緣盡於此。然而美好永遠被記憶收藏，她變成了艾青心中的詩句。

青春的友誼與愛情是同樣值得珍視的。在巴黎的留學生中，艾青有一些很相熟的人，但真正對艾青產生重要影響的，怕要首推李又然了。李又然是艾青的鄉黨，家在浙江慈溪，他年長艾青四歲，就讀於巴黎大學哲學系。艾青與他的相識純屬偶然，一次，艾青在蒙日大街的一家天津人和他的法國老婆開的餐館吃飯，他發現鄰座的一位留長髮的中國青年吃完飯後卻不離去，只是不斷地看自己的手錶，面露焦急的神色，像是在等什麼人。艾青覺察出這位年輕人顯出窘態是由於付不起飯票，於是他走過去在桌子上放了幾張飯票，拍拍青年的肩膀說：「我來請客。」兩人起身走出店門，艾青又給了青年一些飯票和五十法郎，並邀他到自已落腳的里斯本旅館去，到了那裏，青年發現慷慨解囊的人和他一樣的經濟拮据，除了一些書籍外，別無長物，可即便如此，他仍能扶危濟困，對一個陌生人施以援手，這是足以令人感動的。這件事就是艾青和李又然第一次相識的經過。從此，他倆經常在一起，或談論文學，或談論哲學，或談詩，或談畫，艾青給李又然講藝術，李又然給艾青講哲學，並帶他到大學去聽哲學課。艾青向來厭煩有板有眼的課堂教學，聽課時，常以畫某教授的禿頭爲樂。李又然回憶那段日子時說：「從此天天在一起了。他有錢，分一半給我，我有錢，分一半給他，兩人都很難向人借錢的，但都爲了對方，會去借，分了用」。⑤俗話說，在家靠父母，出門靠朋友。在異國他鄉的國度裏，遇到可以進行精神交流的同甘共苦的朋友，無疑對處在孤獨寂寞中的心靈會給以極大的慰藉。患難見真情，李又然在艾青遇到危難的時候，表現出同樣的仗義，也是一個堂堂的血性男兒。一九三二年，李又然回國後，聽到艾青被捕的消息，馬上趕到蘇州監獄去探視，甚至想揍獄卒一頓，以達到陪艾青坐牢的目的，書生意氣，真情可嘉。後來也曾不顧危險，多方照顧，艾青爲朋友之情深深感動。

在學畫之餘，艾青在巴黎的幾年間，對於文學作品的大量閱讀，成了他精神世界的有效養源。「十九世紀俄羅斯舊現實主義的大師們揭開了我對現實社會認識的帷幕」（《艾青選集・自序》），果戈理的《外套》、屠格涅夫的《煙》、安特烈夫的《假面舞會》、陀思妥耶夫斯基的《窮人》等，都被他仔細閱讀，俄國社會小人物的悲慘境遇，以及黑暗的社會現實對人的心靈的扭曲、精神的摧殘，這些內容帶給艾青的是強烈的心靈震撼，有同情，有憤怒，有詛咒，也有無奈。當年郁達夫留學日本時，雖然學的是經濟，卻閱讀了一千多部外國名著，終成爲一代名作家。我想說的是，這種閱讀對閱讀者是極其寶貴的，他一方面開闊了視界，學會了認識社會人生的方法，另一方面通過對優秀作品的閱讀，獲得了大量的文學經驗，爲進行文學創作打下了基礎。艾青的閱讀是駁雜的，除了小說，還有詩歌，他首先接觸的是譯成法文的俄國詩人的詩集，像勃洛克的《十二個》、馬雅可夫斯基的《穿褲子的雲》、葉賽寧的《一個流浪漢的懺悔》和《普希金詩選》等，還讀了《法國現代詩選》、阿波里內爾的《酒精》等法國詩和其他國家的詩。其中尤以比利時大詩人凡爾哈侖的詩對他影響最大，他在一九四〇年底應重慶《抗戰文藝》之約寫的一篇名爲《爲了勝利——三年來創作的一個報告》中，首次談到了凡爾哈侖對他產生的影響，他說：「我不隱諱我受了象徵主義的影響……我的詩裏有些手法顯然是對凡爾哈侖的學習——這位詩人如此深刻而又廣闊地描寫了近代的歐羅巴的全貌，以《神曲》似的巨構，刻畫了城裏與鄉村的興衰的諸面相，我始終致以最高的敬仰。而他的那種對於未來世界的嚮慕與人類幸福彼岸之指望，更是應該被這艱苦的世紀的詩人們公認爲先知者的聲音的。」在一九四一年寫的《我怎樣寫詩的？》一文裏也說：「凡爾哈侖是我所熱愛的。他的詩輝耀著對於近代的社會的豐富的知識，和一個近代人的明澈的理智與比一切時代更強烈更複雜的情感。」到了一九七八年，他在《在汽笛的長鳴聲中》的文章裏依然寫到：「而我最喜歡、受影響較深的是比利時大詩人凡爾哈侖的詩。」在這些文字的表述裏，有一個不小的時間跨度，可艾青對凡爾哈侖的詩在一個異國青年心靈上產生的情感反應的記憶是持續不變的。艾青爲什麼對凡爾哈侖的詩如此傾心？其深層的認同基礎是有著同樣的從鄉村到城市的心理體驗，也帶有農民式的憂鬱和不屈的反抗、不懈的追求的精神，躁動不安的靈魂伴隨著深沉的孤獨與苦悶，這些都是與艾青心理相通的地方，自然很容易引起艾青情感上的共鳴和心理上的認同。

艾青在巴黎度過的三年，是「精神上自由，物質上貧困」的三年。法蘭西自由的氣質在耳濡目染中浸入了艾青的血脈中，強化了他崇尚自由的個性特徵。巴黎的魅力就在於自由，自由是這個城市的精神品格，它有著無與倫比的包容性：「張開了：一切派別的派別者的／多般的嘴，／一切奇瑰的裝束／和一切新鮮的叫喊的合唱啊！／你是——／所有的『個人』／和他們微妙的『個性』／朝向群眾／像無數水滴，消失了／和著萬人／匯合而成爲——／最偉大的／最瘋狂的／最怪異的『個性』」。（《巴黎》）有了這樣的胸懷，巴黎才能海納百川般容納來自世界各地不同的聲音。艾青也是一個被容納者，他的非學院派的自由選擇的求學方式，以及對西方現代派藝術的心領神會，在很大程度上滿足了他心理上對自由的渴望和性格中的叛逆性追求。當然，我們也應注意到，艾青對一種異己文化的認識並不是一味地欣賞，與自由並存的還有醜陋的社會現象：「你用了／春藥，拿破崙的鑄像，酒精，凱旋門／鐵塔，女性／盧佛爾博物館，歌劇院／交易所，銀行／招致了：整個地球上的——白癡，賭徒，淫棍／酒徒，大腹賈，／野心家，拳擊師／空想家，投機者們……」「也或者／解散了緋紅的衣褲／赤裸著一片鮮美的肉／任性的淫蕩……你！」「巴黎，／你患了歇斯底里的美麗的妓女！」（《巴黎》）這使得艾青對以巴黎為象徵的法國文化產生了一種複雜的感受，可以概括為愛恨交加——「我恨你像愛你似的堅強」。這種情緒集中體現在他的詩歌《巴黎》和《馬賽》中。

附注

①《憶杭州》，《艾青全集》第五卷第六頁。
②［美］金介甫：《沈從文傳》第一五〇頁，湖南文藝出版社一九九二年版。
③《艾青談詩》第二一四——二一五頁，花城出版社一九八二年版。
④《古宅的造訪》，《艾青全集》第一卷第七五頁。
⑤李又然：《艾青——回憶錄之三》，《新文學史料》一九八三年第二期。

第三章　詩：黑暗中的心靈訴求

一、黯然回鄉：飛旋中的失落

當我們把目光投向二十世紀三十年代初的中國社會歷史時，發現內外處境極其險惡。亞洲的日本軍國主義在急速地擴展著構建「大東亞共榮圈」的野心，一九三一年的「九·一八」事變，侵佔了中國的東三省。艾青雖身在國外，卻真切地感受到了山河破碎帶來的屈辱和歧視，法國政府爲了維護其在華利益不受侵犯，與侵華的日本政府之間達成了默契，在法國出現了強烈地反華排華情緒，民族自尊心受到了極大的傷害，由於存在的排華情緒，諸如打工、租房、求學等各個方面都受到嚴重影響，這對原本就經濟拮据、靠打工維持生計和學業的艾青來說，無疑是雪上加霜，在這種情況下，心情的鬱悶是可想而知的。艾青也藉以明白了一點，文化的平等須以民族的強盛爲依託，「法蘭西」的文化並不是爲中國人準備的，它是一種強勢文化，積弱積貧的民族是被排斥在這種文化之外的。

今天已很難確切描述艾青當時的心情，但有一點是可以肯定的，那就是民族的歧視卻激發了他反抗的意識，「民族歧視迫使我參加了一次反帝大同盟東方支部的集會。」一九三二年一月十六日晚，艾青跟著李又然來到了巴黎聖約克街六十一號，參加那裏舉行的一個反帝集會。艾青發現參加者都是東亞的青年，由於民族歧視的共同遭遇，一個個顯得情緒激動，從他們急切地表達中可以看出內心深處的焦慮，自己民族、國家的命運和前途是他們最現實的關注。艾青也被這次集會深深感染了，他按捺不住激動的情緒，於當夜將這次集會做了詩意的記載：「團團的，團團的，我們坐在眼圈裏面，／高音，低音，噪音，轉在桌邊，／溫和的，激烈的，爆炸的……／火灼的臉，搖動在燈光下面，／法文，日文，安南話，中文，／在房子的四角沸騰著……／長髮的，戴眼鏡的，點捲煙的，／讀信的，看報紙的……／思索的，苦惱著的，興奮的……」「每個悽愴的，鬥爭的臉，每個／挺直或彎著的身體的後面，／畫出每個深暗的悲哀的黑影。他們叫，他們喊，他們激奮，他們的心燃熾著，／血在奔溢……／他們——來自那東方」。這首詩的題目叫《會合》，同年的七月二十日刊登在中國左翼作家聯盟的一個刊物——丁玲主編的《北斗》上，這是左聯辦得最好的文學刊物，艾青發表時用的筆名是「莪伽」。《會合》是艾青的處女作，儘管他自己並不滿意，認爲是「幼稚的、速寫式的」，但它畢竟是作者用「詩歌」這樣一種文學形式把自己推上文壇的第一步，他學會了用詩來宣洩情緒，它傳達了艾青作爲詩人的基本素質，如對具象與意境的初步的把握，對詩的思想蘊涵的理解等。

顯然，法國的社會環境已不適合繼續待下去，艾青遂萌生了返鄉的念頭。在一九三二年一月二十五日，他從巴黎乘火車到了馬賽。外部環境的變化勢必會影響到艾青心境的變化，當他重新打量馬賽這座三年前他最先認識的城市時，引起了他強烈的不滿與批判，那些繁榮的工業文明的浮象，在他眼裏充斥著罪惡：「高高的煙囪」是「爲資本所姦淫了的女子」，「頭頂上／憂鬱的流散著／棄婦之披髮般的黑色的煤煙」；「堆貨棧」、「轉運公司」、「大商場的廣告」就「像林間的盜」；而「大郵輪」是「世界上最堂皇的綁匪」。整個馬賽就是一個繁殖著暴力的無理性的「盜匪的故鄉」（《馬賽》）。

二十八日，艾青從馬賽港乘法國郵輪起程回國。隨著汽笛聲響，輪船緩緩駛離碼頭，馬賽在艾青的視野裏漸行漸遠，最終消失在天海一線。此時的艾青心情是複雜的，想三年前經過百般努力，才得以懷揣理想漂洋過海來到巴黎，三年中雖說生活艱辛，但半工半讀也有著屬於自己的快樂，對繪畫藝術、哲學、文學、社會學等廣泛涉獵，豐富了自己的知識，拓展了自己的視野，沒有校園的清規戒律，沒有父親的呵斥，心靈在異國他鄉的土地上跳著自由的節拍。三年後的今天，漂洋過海回歸故鄉，將如何面對父母期待的目光？等待自已的又將是什麼樣的人生？一切都是不可知的。艾青的心情是憂鬱的，面對地中海旖旎的風光，他也失了興致。二月三日，船過蘇伊士運河，艾青吟得一首詩《陽光在遠處》，真實地記載了他當時的心情：「陽光在沙漠的遠處，／船在暗雲遮著的河上駛去，／暗的風，／暗的沙土，／暗的／旅客的心啊。」這種暗淡的心情伴隨著他的整個歸程，而且是近鄉情更怯地加劇著。二十六日，在船到湄公河岸停靠後，眼前所見，心有所感，遂吟詩一首《那邊》，他想到的「那邊」的情景是「黑的河流，黑的天。」，「在黑與黑之間」是「永遠在掙扎的人間」。詩中情緒之陰暗尤顯突出。

四月上旬，艾青乘坐的郵船停靠香港，四天後駛往上海。此時的上海，離軍民奮起抗日的「一·二八」事變也才過去兩個多月的時間，時局動盪不寧，「到上海的時候戰爭已經結束——祖國依然呻吟在屈辱中……我茫然回到老家。」

當畈田蔣出現在他眼簾的時候，他的眼睛濕潤了，這塊土地不論它留給你怎樣的傷痛的記憶，你依然無法割斷與他的情感聯繫，它給了你生命，也給了你一種文化的承傳，這是誰也無法回避的事實。與三年前相比，畈田蔣更顯得有些頹敗，這是當時中國農村的一種普遍的景象。一九三二年，茅盾的短篇小說《春蠶》就對農村「豐收成災」後的凋敝景象做了真切地描繪；葉聖陶在小說《多收了三五斗》中也對此有痛切描述。由此可見，中國農村的破敗凋敝是那個社會時代使然。幾年不見，父親蔣忠樽已顯出老態，生活是有壓力的，支撐一個亂世之秋的家庭，就更要勞神費力。看著兒子兩手空空地回家，他的失望是無以言表的，當初，兒子關於學成可以賺大錢的允諾如今已成泡影，他並沒有責罵兒子，但那種灰暗的神情已說明了一切。中國人都有望子成龍的強烈願望，在孩子身上寄託了太多的父母的理想，封建時代學而優則仕的人生目標是非常功利的，如果一旦實現目標，會改變個人的命運乃至整個家庭的處境，它帶給人們的利益關切是實際的，它也因此而深入社會人心，變成了人們對讀書人的價值評判標準。權力可以改變自身處境，金錢也同樣可以炫示富貴，衣錦還鄉，腰纏萬貫，自然會贏得鄉民們的稱道，彷彿那份榮耀也是屬於他們的。艾青所在的時代已然沒有了科舉取仕的路途，但人們對於讀書人的評價標準並沒有多大的變化，父親無言的沉默實際上表達了心理預期落空後的無奈；畈田蔣的村民們用他們實用的目光打量著這位把書都讀到外國去了的蔣家的後生，結果也同樣讓他們失望，他們沒有看到功名富貴的影子。

在這種情形之下，艾青心情之頹唐灰暗是可想而知的，他把自己整天關在屋子裏，閉門不出，盡可能減少與村裏人接觸的機會。而年少的弟妹們正是「少年不識愁滋味」的時候，並不理解這位遊學歸來的哥哥的心情，只是覺得神秘和好奇，艾青也正是在與弟妹們的相處中，孤寂的心靈得到了一些親情的慰藉。他的二弟蔣海濤後來回憶了當時的情景：「我記起了在家裏的堂前，在寫著『望益』那塊匾額的下面，晚上他對弟妹們講讀外國名著《茵夢湖》裏的故事……他教我下圍棋，那黑白棋子還是用馬糞紙剪的，有時下得竟忘了吃飯。他還同我們到村子附近的西周高背一帶遊覽、寫生，或者到風光綺麗的山坡上，池塘邊觀賞，沐浴在大自然的波光色海裏。他從外面帶回來許多書刊，有紅殼面的《吶喊》，有封面上好像幾個人挨在一起的《彷徨》，他住的東廂樓上的書櫥裏擠滿了厚厚的現代雜誌。這些都啓引過我在少年兒童時代就去輕敲文學的門扉。」① 如若一個人長期處在與外界隔絕的環境裏，守住一份心靈的安穩是容易的，而艾青從畈田蔣到金華，從金華到杭州，從杭州到巴黎，越走越遠，看到的世界也越來越大，心也越來越野，飛翔慣了的心靈豈是一個小小的畈田蔣所能留得住的，短短的一個月的逗留，可視爲飛翔中的失落，他渴望外面的世界，於是，他從這裏再一次走了出去，去尋找人生的理想與理想的人生。

二、在獄中：「反省」的生活

一九三二年五月初，艾青到了上海。經朋友介紹住到了南市法租界的西門路西門里的一間弄堂房子裏。這裏嘈雜擁擠，住著一些美術界的青年，艾青的同學力揚還介紹他結識了江豐(後來成爲著名畫家)等朋友，並由他倆推薦加入了中國左翼美術家聯盟，並很快參加了左翼美聯開展的一些活動。在這些新的朋友中，有些是杭州國立藝術院的校友，據說力揚、江豐主要是想拉艾青加入「一八藝社」，這是一個思想左傾的社團，成立於一九二九年的杭州，因成員爲十八人而得名，曾得到著名畫家林鳳眠的支持，後不能見容於當局而被取締。力揚、江豐是該社團的成員，他們想在「一八藝社」的基礎上開展活動，因原社名過於惹眼，經過商量後，改成了一個既有青春氣息，又不乏浪漫意味的「春地藝術社」，「春地」二字是由艾青命名的。

一批年輕人爲他們親手創辦的藝術社團忙碌著，他們不僅投入了自己的熱情，他們還傾注了自己的理想。「春地藝術社」的宗旨是「爲著完成文化的建設，爲著培植時代的藝術，以及把藝術深入群眾中」，這樣的出發點是神聖的，他們有錢的出錢，沒錢的出力，就連魯迅先生也捐了二十元以表示對他們工作的支持。他們在上海法租界西門路山東會館附近的豐裕里四號的二樓租了一間教室，便開始掛牌開展活動了，幾個木制的畫架，一張小寫字臺，一條凳子，還有借來的一塊小黑板，這幾乎就是全部的教學家當。由於沒有經費來源，除了花十元錢雇了一位山東籍的老人做門房兼模特外，其餘的人員一律義務工作。艾青自然也不例外，借黑板，找顏料，買畫筆，編講義，上課，身兼數職，事必親躬，辛苦歸辛苦，心情是愉快的，大家同甘共苦，相互關懷，產生了一種大家庭般的溫暖。

加入「春地藝術社」，使艾青得以走出一段時間來的灰暗的心境，擺脫了孤獨寂寞的困擾，心靈自在了許多。這一年的六月初，艾青在《文藝新聞》上發表了兩篇署名「莪伽」的文章。一篇名爲《烏脫里育》，是向大眾介紹法國野獸派畫家烏脫里育，文章認爲他的繪畫表現了法國社會的現實，尤其是小市民的生活處境，並從繪畫藝術的角度進行了充分的肯定：「我們很少在他的作品裏尋找到一些抄襲自遺傳的東西，無論是色彩，筆觸，描圖。作者都有他自己獨特的處理的天才的。」②還有一篇類似於詩歌評論，題爲《十二個詩人》，介紹法國左翼詩壇的十二位詩人的詩集。這兩篇文章都比較短，尤其第二篇言簡意賅，並無多少深意。但我們藉此可以看出艾青此時心境的變化，他有了表達的欲望和寫作的興趣。「這件小事，卻使我開始從美術向文學移動，最後獻身於文學。」（《在汽笛的長鳴聲中》）

當時，「春地藝術社」正在組織大規模的「春地畫展」，爲此，艾青、江豐等人精心組織了滬杭兩地的一百多幅作品參加展出，有油畫、漫畫、粉畫和木刻，魯迅也派人送來了自己收藏的德國版畫家珂勒惠支的名畫《農民戰爭》和《織工暴動》參展，以表示他對這項活動的支援。珂勒惠支的畫表現的是對極權專制主義的抗爭，蘊涵著偉大的人道主義精神。所有參展作品的內容都集中在對大眾的苦難、掙扎、呼號和抗爭。艾青把一幅從拍紙簿上撕下的純屬抽象派的畫稿拿去展出，署名「莪伽」。一九三二年的六月二十六日，對艾青來說是不同尋常的日子，那天下午正好是他值班，魯迅和許廣平帶著海嬰來到展會上，在簽過名後，由艾青陪同參觀。魯迅邊走邊看，艾青在旁邊作一些簡明扼要地介紹。在他看到一張署名「莪伽」的抽象派畫時停下來問艾青：「『這是原作還是複製品？』我說：『是原作。』他說：『是原作那就算了。』看來，假如是複製品他就想把它要去。但是我當時的反應很遲鈍。多少年來我一直後悔沒有把那張畫送給他。」③這是艾青第一次如此近距離地看到魯迅，也是最後一次。從那以後，艾青「再也沒有機會碰見他——我們時代的最善於戰鬥的勇士。」

「春地藝術社」青年群體的活動開展得有聲有色，這引起了法租界巡捕房的注意，爲了取得證據，他們派人僞裝成學生混在裏面聽課。七月十二日晚上，「春地藝術社」正在上世界語課，學生席地而坐，認真聽講，突然一批法租界巡捕房的巡捕、密探闖了進來，由那個事先安插的密探帶領進行搜索，很快搜出了左翼美聯的一些文件和宣傳品，還有一些政治色彩鮮明的繪畫，艾青和江豐、于海、李岫石、黃山定等十二個美術青年被捕。艾青還被押回住處進行搜查，抄走了他從法國帶回來的詩集以及《人道報》等刊物。與艾青同住一屋的力揚既不在「春地」也不在住處，得以逃脫。但隨後他又在另一所學校裏被捕。艾青等十二人被關押在位於建德路和思南路口的上海市法屬第二看守所，艾青的「罪犯」編號爲 P.65504，江豐的編號爲P.65498。七月的上海，驕陽似火，酷暑難捱。監獄裏的境況更是惡劣，由於人滿爲患，衛生條件極差，陰暗潮濕不說，每個號子裏都擠滿了人，難聞的氣味幾欲令人窒息，經常看到死去的犯人被抬出去。艾青所在的號子關了二十四個犯人，擁擠不堪，空氣污濁，除了忍受惡劣的環境對身體的戕害外，他還要面對無書可讀、無事可做引發的精神上的饑荒。爲了改善處境，艾青他們以絕食、抗議等方式進行抗爭，爭取到了讀書、看報、寫作的權力；他們還寫信給魯迅，希望得到魯迅的幫助，爲他們提供一些書籍可供閱讀，這從魯迅當日的日記中可以證實：「下午得介福、伽等信。」「介福」是江豐的筆名，「伽」是指艾青當時的筆名「莪伽」。魯迅派人送去了珂勒惠支的畫冊。

時過不久，艾青等人被引渡給國民黨政府，江蘇省高等法院（當時上海屬江蘇省管轄）第三分院提起訴訟，所列「犯罪」證據如下：「從所內搜出之美聯四月份工作、美聯章程、名單登記表及歷次會議記錄，並按期發行美術畫報等大宗宣傳品，認定春地美術研究所既爲左翼美術聯盟之機關，且係以危害民國爲目的而組織之團體，並有宣傳與三民主義不相容之主義之行爲，而蔣莪伽、季春道、李岫石等均加入聯盟，既有美術登記表及聯盟員履歷足資證明，蔣莪伽、季春道並曾列席於聯盟會議，複有記錄可稽。該上訴人等之以危害民國爲目的加入組織而宣傳與三民主義不相容之主義已極明確。原審以危害民國緊急治罪法第六條、

第十條、刑法第九條、第四十二條，處蔣莪伽、季春道各有期徒刑六年……」④對於這樣的罪狀與判決，艾青等人自是不服，提起了上訴，他們認爲自己所從事的完全是正當的藝術活動，何以會「危害民國」？要求重新審理。他們的上訴請求被駁回，艾青等人隨即被押解到上海的第二特區法院看守所服刑。

缺乏人道的監獄生活極大地損害了艾青的身心健康，他患上了肺病，高燒不斷，咳嗽不止，人也被折磨得形銷骨立，這種病在那個年代對人的生命的威脅程度很高。由於害怕傳染，獄方對他實行了隔離，也不提供相應的治療措施，讓其自生自滅。患難見真情，在艾青最感痛苦的時候，他在法國結識的朋友李又然打聽到他關押的地方後，經常來看望他，給他帶來了治病的藥和針劑，還給他帶了點心、筆墨、紙張、書籍，李又然還賄賂獄卒爲艾青治療提供方便。朋友之情的關懷，給在孤獨絕望中掙扎的艾青增添了走出黑暗的力量。一天，李又然又來探監，他帶來一個讓艾青興奮不已的消息：艾青寫於巴黎的詩《會合》在丁玲主編的左聯刊物《北斗》上發表了。人在困境中的時候，外界的一點對己有利的變化，都會被心靈接收並轉化爲鼓舞人心的力量。既然環境不允許作畫，那就用詩來表達心靈，這總比在終日枯坐中打發日子有意義得多。

監獄生活使艾青的藝術道路發生了變化，美術讓位於詩歌。對於這一變化，艾青的自我好。」「我自然而然的接近了詩。解釋是清楚的，「囚徒生活」使他「和繪畫幾乎完全斷了聯繫」：「我自然而然的接近了詩。只要有紙和筆就隨時可以留下自己的思想感情。我思考得更多、回憶得更多、議論得更多。詩，比起繪畫，是它的容量更大。繪畫只能描畫一個固定的東西；詩卻可以寫一些流動的、變化著的事物。……決定我從繪畫轉變到詩，使母雞下起鴨蛋的關鍵，是監獄生活。我藉詩思考，回憶、控訴、抗議，……詩成了我的信念、我的鼓舞力量，我的世界觀的直率的回聲。」（《母雞爲什麼下鴨蛋》）由此可見，與繪畫相比，詩對監獄中的艾青而言，無論是客觀條件的許可，還是主觀上發抒的要求，都更具有現實的可能性。在心爲志，發言爲詩，藉詩的形式傾吐心中的所思所想，這一發而不可收，他在詩歌王國的道路上越走越遠。

囚禁之「囚」字，從字型看，是在一間屋子裏關了一個人，光禿禿的四堵牆，沒有門和窗戶，沒有行動的自由和與外界聯繫的權力，他被與世隔絕，他被完全孤立在一個逼仄的空間裏。對於艾青這樣一個呼吸了法蘭西自由空氣的有理想有追求的青年來說，最大的痛苦莫過於失去自由。匈牙利詩人裴多菲在《自由與愛情》中這樣寫到：「生命誠可貴，愛情價更高。若爲自由故，二者皆可拋。」在他眼裏，自由是高於生命的，沒有什麼東西是比自由還重要的。身在囚室的艾青，對自由的意義的體會一定是前所未有的深刻。身體沒有自由了，但心靈卻是可以漫遊的，處在困境中，自然免不了要思前想後。對往事的懷想，那些記憶深刻的點點滴滴便縈繞腦際，揮之不去，化作了一句句詩行，《蘆笛》、《透明的夜》、《馬賽》、《巴黎》等，記錄了一個詩人在特定情境中的人生感言。對於未來，那是不可預料的，現實的黑暗與無助，沒有給他提供可以籌畫未來的空間。艾青還想到了死，青春是多麼美好的生命，可自己的青春卻失去了自由，失去了健康的肌體，肺病的折磨讓他不由地想到「死後」的情景，在《病監》一詩中，他把自己的病稱作「肺結核的暖房花」，「繃紗布爲芙蓉花。」而蘊有醉人的氣息；死神震翼的逡巡著你，蜜蜂般嗡嗡的是牧姆的彌撒。」這是一種病態的想像，從中可體會出艾青當時傷感的心理特徵。

從一九三二年七月到一九三五年十月，艾青在監獄裏度過了三年零三個月，這對艾青的意志無疑是極大的考驗，孤獨、寂寞、病痛一起襲來，讓年輕的心靈承受了一次合力的擠壓，然而他並沒有被擠跨，沉默中學會了思考，心靈有了強烈地傾訴渴望，因此，這段時間也是艾青第一次詩興大發的時期，寫下了幾十首詩，如《大堰河——我的保姆》、《蘆笛》、《叫喊》、《鐵窗裏》、《一個拿撒勒人的死》、《畫者的行吟》、《老人》、《黎明》、《路》、《燈》、《九百個》等等，這些詩都是通過律師、親友帶出去發表的。這對艾青是重要的，一首首詩歌不僅釋放了他在監獄裏的壓抑的情緒，而且還在自己詩歌被公開發表的社會性認同中獲得了信心和力量。

在一九三四年年底，艾青被從上海監獄押往蘇州反省院，當時的情形艾青的大妹夫張祖良有過回憶：「他被押到蘇州反省院時，我與我的父親，他的妹妹希華一起去看他。當時只讓進去兩個人；我在外面等著。他剃了個光頭，反省院叫他看三民主義的書，還有陳立夫的《唯生論》。」⑤親人的探監給他帶來了溫馨的親情和關懷，畢竟還有牽掛他的親人，還有為他的安危憂心的人，這些人與他血脈相通，他們將家庭的噓寒問暖式的關切通過短暫的會面傳遞到他孤立無援的心田，溫潤了他枯寂的生活。監獄的使命是要改造人的思想，「反省」就是「思過」，通過「反省」來改正錯誤。艾青屬於「政治犯」的範疇，所謂「政治犯」就是「思想犯」，「思想犯」就是「思想犯罪」。在一個東方專制主義的政治背景下，「統一的思想」是國家意識形態的必然要求，這種「統一的思想」自然是統治者的思想，它借助於權力體制進行強制灌輸，以達到穩固政權的目的。對統治者來說，老百姓頭腦越簡單就越好統治，最好腦袋是你的，但思想是我的，這樣就可以幾億人口一顆腦袋，有了整齊劃一的思想，就可以將失掉自主能力的人們變成隨意愚弄的奴隸，要不幾千年來怎麼會又焚書，又坑儒，文禍不斷，文字獄不斷，原因就在於統治者怕有思想的人。艾青是一個有獨立思想能力的人，他的思想會時不時逸出權力體制設定的軌道，所以「反省」幾乎貫穿了他的一生，三十年代，四十年代，五十年代，六十年代，七十年代，每個年代都有「反省」的經歷，他也爲此付出了沉重的代價。

三、《大堰河：我的保姆》

《大堰河——我的保姆》，在艾青的詩歌中具有極高的知名度，艾青也是因它而詩名遠揚。在我對艾青詩歌的閱讀記憶中，《大堰河——我的保姆》是最早接觸也是記憶最爲深刻的一首，這種深刻的記憶來源於一種人世上最平實偉大的情感的感動，一種特殊的「母子」關係產生了獨特的情感體驗，也正是這種蘊涵獨特情感的詩意引起了讀者心靈的共鳴，也許詩歌中鮮明的時代的烙印是屬於歷史的，但它所表現出的感情的真摯卻具有直入人心的現實力量。

在一九三三年一月十四日，大雪紛紛揚揚地下個不停，艾青站在監獄狹小的鐵窗前，靜靜地看著窗外漫天飛舞的雪花出神。他的思緒隨著雪花飄過監獄的圍牆和鐵絲網，悄無聲息地在白茫茫的大地上行走。雪花有雪花的快樂，它是一種自由的播撒，無拘無束，無憂無慮，它以自己的方式做著清潔世界的努力。可眼下，一個身陷囹圄的青年，沒有自由，沒有快樂，抑鬱的心境下不可能有欣賞雪景的興致，反倒徒增了幾分傷感。年關將近，按照民間的說法，這場雪是瑞雪，兆示來年五穀豐登，對此，老百姓自然是充滿著喜悅與感激的心情。艾青環顧四周，四堵冰冷的水泥牆壁是他面對的現實，堅硬而冷漠，窗外的紛揚的大雪，使他感到格外寒冷，伴著寒冷襲上心頭的是前所未有的無助和無邊的寂寞。

二十三歲的人生，原本是在理想的光芒照耀下的激情飛揚的人生，在某種意義上，人生才剛剛開始，然而，令艾青始料未及的是這無端的牢獄之災給他的青春籠罩上了一層厚重的陰霾，人生的失意感是黑暗的現實強加給他的禮物。窗外皚皚白雪無意中遮蔽了污濁與黑暗的真實景象，卻又因這種遮蔽強化了他心靈對於真實的感受。身處困境的人，很容易回到過去的經歷中尋找溫暖人心的人和事，對母愛的懷念又是尋找時情不自禁的自覺，這個世界上沒有什麼愛是可以和母愛相提並論的，她的無私，她的博大，他的寬容，她的持久與堅韌，鑄成了人世間愛的豐碑，她是孩子倦鳥歸林時的期待，她是孩子救治療傷時的穩靠。艾青在對往事的回憶中，母愛也是他最感溫暖的情感，但與眾不同的是，這分彌足珍貴的愛卻不是他的親身母親給他的，而是與他毫不相干的農村婦女留給他的。情由景生，在這隔絕人世的冰冷的監房裏，也只有當年那位連姓名都沒有的貧窮的農村婦女給他的那點母愛，爲這冰冷的世界中的艾青帶來了些許暖意。他不禁寫道：「大堰河，今天我看到雪使我想起了你：／你的被雪壓著的草蓋的墳墓，／你的關閉了的故居簷頭的枯死的瓦菲，／你的被典押了的一丈平方的園地，／你的門前的長了青苔的石椅，／大堰河，今天我看到雪使我想起了你。……／大堰河，深愛著她的乳兒；／在年節裏，爲了他，忙著切那冬米的糖。／爲了他，常悄悄的走到村邊的他的家裏去，／爲了他，走到她的身邊叫一聲『媽』，／大堰河，把他畫的大紅大綠的關雲長貼在灶邊的牆上，／大堰河，會對他的鄰居誇口讚美他的乳兒；／大堰河曾做了一個不能對人說的夢：／在夢裏，她吃著她的乳兒的婚酒，坐在輝煌的結彩的堂上，／而她的嬌美的媳婦親切的叫她『婆婆』……／大堰河，深愛她的乳兒！」⑥詩是獻給他的乳娘大葉荷的，他在詩中用了「大堰河」的諧音。這是一份特殊的母子之情，不是母子，勝似母子，兒時的記憶如此清晰地留下了乳娘對一個棄兒的呵護關愛之情，點滴之間注滿了深情厚愛，這份愛並不因爲貧窮而受到影響，恰是在生活重壓之下的傾注而尤顯可貴。時過境遷，當年的乳兒如今已長大成人，而大堰河卻早已含淚離開了這個世界，在四十幾年的人生裏過著被侮辱與被損害的奴隸的生活，死後也只「同著四塊錢的棺材和幾束稻草，／同著幾尺長方的土地，／同著一手把的紙錢的灰」歸於沉默的土地。那個時代的她是輕賤的，她沒有權力決定自己的命運，也沒有能力改變淒苦的處境，但她卻把一分愛心給了一個「地主的兒子」，爲了他竟然忍心將自己的女兒活活溺死，這樣的養育之恩，怎能不讓艾青銘記肺腑，感念不已？

回憶是溫馨的，可也是心酸的，在大堰河平凡艱辛的人生故事裏，給詩人留下的是永不停息的繁重的勞作和那始終含笑的神情，她在詩人的腦海裏已經定格爲一種藝術形象。爲了養家糊口，她用奶水養育一個地主的兒子來養育自己的家；在她流盡了乳汁以後，她又用自己雙手的勞作撐起了一家人的生活，除了照顧丈夫和孩子，她還要給東家洗衣、燒飯、餵豬，到村邊冰凍的池塘裏洗菜，背了團箕到廣場上曬糧，爲了一家人的生活，她必須這樣付出。她以「含著笑」的人生態度承擔著生活的重負，詩人凸現了她身上的那種堅忍的品格和純樸善良的性格特徵。大堰河是善良的，她把母愛給了不是她孩子的孩子，不管她多麼勞累，只要有空，她就會「用厚大的手掌」把乳兒抱在懷裏「撫摸」著，當乳兒被親生父母領回去時，她哭了；大堰河是有夢的，那就是將來能吃她乳兒的「婚酒」，讓「嬌美的媳婦」親切地叫她一聲「婆婆」，她被自己的夢陶醉著，安慰著。然而，殘酷的生活卻把她的夢擊得粉碎，在不堪重負的折磨中耗盡了她四十幾歲生命的能量，她死了，死時不斷地呼喚著乳兒的名字，那是令人肝腸寸斷的愛的呼喚，那是無望生命的最後的寄託。她在悲苦中離開了苦難的人間。

對現實的痛切關注，使大堰河形象的悲劇意義更加突出。在她死後的日子裏，發生的家庭變故把一個原本就在生命的邊緣苦苦掙扎的家庭推向了絕望痛苦的深淵。她的「醉酒的丈夫已死去」，大兒「做了土匪」，二兒「死在炮火的煙裏」，剩下的三個，也都在剝削與壓榨中苦度生活，就連讓她做了美夢的乳兒也在人生的漂泊中淪爲「囚徒」。在大堰河的生前與身後，社會的不公與黑暗同樣在吞噬著那些可憐的人們，乳兒的詩歌就是寫給不公道的世界的「咒語」。因此，這首詩所蘊涵的批判現實的社會意義也就格外引人注目。

一首成功的詩，總是形式與內容和諧統一的實現。《大堰河——我的保姆》在詩體形式上，為詩人直抒胸臆式的抒情提供了很好的載體。艾青崇尚自由的生命形式，這反映在詩歌創作中就是反對格律的束縛，不能讓形式變成妨礙詩人表達思想感情的羈絆，因此，他提倡自由詩，他認為：「自由詩是通過詩的形式，來處理一個具有詩的性質的題材。」（《詩的形式問題》）自由詩打破格律詩的限制，就是要用新的形式去表現現代意識，這是一種詩體的解放，也是人的思想觀念的解放。《大堰河——我的保姆》的表現形式就極其自由，章無定節，節無定句，可長可短，率意隨心，取決於詩人主體情感的發抒需要。他還主張詩要有「散文美」，但反對散文化，他所理解的散文美是指「口語的美」，「要有旋律，念起來流暢，像一條小河，有時聲音高，有時聲音低，因感情的起伏而變化」，「優美的形式產生於對生活的強烈的感情，對藝術創造的誠實的態度。優美的形式就是那種和內容完全合致的形式。」⑦這首詩從形式到表現手法，都帶有鮮明的個性特徵，詩人的繪畫背景，讓我們在詩句中看到了印象派的影子，捕捉剎那間的不同感覺，形成意象，產生聯想，創造意境。由囚室看到的「雪」想到了「大堰河」，想到了「草蓋的墳墓」，「簷頭的枯死的瓦菲」，「一丈平方的園地」，「長了青苔的石椅」，意象紛呈，把對大堰河的強烈的感情具體化為可以進行視覺形象確立的直觀物象。這種完全生活化的浸透著汗水和淚水的具象，具有最樸實的情感力量，它喚起的是一種人性的關照和人道主義的同情，這也是詩歌爲什麼引起廣泛共鳴的原因。

這首詩也是詩人第一次用「艾青」這個筆名發表詩歌。詩寫好後，交給李又然帶了出去，李又然把詩給了《現代》雜誌，這樣做的原因，可能是在此之前該雜誌已發表了艾青在歸國途中寫的《當黎明穿上白衣》、《那邊》和在獄中所寫的《馬賽》三首詩，相對比較容易接受。沒想到這次卻是個例外，受到了冷遇，詩作被編輯杜衡壓下了，拖了一段時間，又提出若要發表尙需修改的想法。李又然是知情者，據他後來的回憶說：該詩「寄給過《現代》，退回來。古今中外的名詩，現代派也一定讀了不少的，但他們沒有能力認識這首現實主義的傑作，這也就是受階級的局限，不是詩讀得多所能衝破的。原稿我給一個詩人看過，他說：『有詩的氣息，但是寫得太嫩，要改一改。』」⑧李又然的不滿來自朋友的詩作受到的冷遇。其實，若對現代派詩學主張稍加留意，便不難發現其中的原委，現代派認爲，詩不能是「赤裸裸底本能底流露」，反對將詩作爲「情緒的噴射器」，提出既要「表現自己」，又要「隱藏自己」，他們追求一種含蓄蘊藉的詩美境界。《大堰河——我的保姆》的那種直白的感情表達，顯然和他們的藝術取向是存在出入的，他們反對「主情主義」的詩歌創作，因此，艾青詩作受到的冷遇也就在情理之中了。在這種情況下，李又然又把詩稿要了回來，剛好當時有個新辦的雜誌《春光》的編輯向他約稿，他就把艾青的《大堰河——我的保姆》給了他們，詩作很快被發表了，引起了很大的反響，還在較短的時間裏傳到了日本，轟動一時。不論中國還是日本，一些人讀了落淚，一些人聽了落淚，足可見作品所具有的撼動人心的情感的衝擊力。

《大堰河——我的保姆》在發表後，引起了評論界的關注。首先是文藝理論家胡風，他以獨具的慧眼發現了艾青詩歌的獨特品質，他在《吹蘆笛的詩人》的文章中，對《大堰河》一詩給予了高度評價：「在這裏有了一個用乳汁用母愛餵養別人的孩子，用勞力用忠誠服侍別人的農婦的形象，乳兒的作者用著素樸的真實的語言對這形象呈訴了切切的愛心。在這裏他提出了對於『這不公道的世界』的詛咒，告白了他和被侮辱的兄弟們比以前『更要親密』。雖然全篇流著私情的溫暖，但他和我們中間已沒有了難越的界限了。」⑨著名作家兼評論家茅盾，也在《論初期白話詩》一文中這樣寫到：「新近我讀了青年詩人艾青的《大堰河——我的保姆》，這是一首長詩，用沉鬱的筆調細寫了乳娘兼女傭（大堰河）的生活痛苦，這在體制上使我聯想到《學徒苦》。可是兩詩比較，我不能不喜歡《大堰河》。這問題當然不在兩詩人才力之高下，而在兩人不同的生活經驗等等。」（原載《文學》第八卷第一期，一九三七年一月一號。）對艾青的《大堰河》詩予以了充分的肯定。

《大堰河——我的保姆》在艾青的詩歌創作道路上是一個階段的標誌性作品，它對於詩人個人的重要意義是不言而喻的，對於整個中國現代詩歌界的影響也是巨大的。一方面，艾青因此而成爲具有較大知名度和文學影響力的詩人；一方面，中國現代詩歌自「五四」以來的自由體新詩有了較大的發展，這表現在艾青對詩體形式的探索和詩歌內容的開拓上。後來的評論家或文學史專家，在總結艾青一生的詩歌創作時，都會劃出一個「大堰河時期」，可見這首詩歌的重要性和代表性。

四、吹蘆笛的詩人

艾青在監獄中的創作，《大堰河》堪稱代表，但還有一些頗能體現詩人的精神處境、思想特徵的作品也值得關注。如《蘆笛》、《鐵窗裏》、《一個拿撒勒人的死》等。

《蘆笛》是艾青爲紀念法國詩人阿波里內爾所作，這位詩人曾有一句名言：「當年我有一支蘆笛，拿法國大元帥的節杖我也不換。」那麼，身陷牢籠的艾青何以會在人生艱難的時刻想到那個在遙遠的國度並已故去的人？何以會將漂洋過海裝在心中帶來的「一支蘆笛」看得如此神聖？那個連「大元帥的節杖」都不願換的「蘆笛」究竟是何寶物？我想答案就在艾青的詩中：「我從你彩色的歐羅巴／帶回了一支蘆笛，／同著它，我曾在大西洋邊／像在自己家裏般走著，／如今／……我是『犯了罪』的，／在這裏／蘆笛也是禁物。／我想起那支蘆笛啊，／它是我對於歐羅巴的最真摯的回憶……」，⑩回憶讓艾青想起了巴黎，想起了阿波里內爾，想起了波特萊爾和蘭布，他們代表著一種精神的向度，這種精神可以讓一個從東方來的青年忍受著物質上的貧困追隨了三年，有時甚至是在忍饑挨餓中度過，可這種生活是隨意的，是個性舒展的，是可以表達自由意志的，沒有必要像國內那樣中規中矩，謹小慎微，沒有那種長期形成的層層的網的籠罩與收縮，沒有對思想的禁錮，這是最令艾青懷念的。時過境遷，艾青已在自己的祖國，他沒有危害國家利益的行爲，只不過思想活躍而已，只不過以青春的激情展示了一個美術青年的藝術追求而已，卻被抓進監獄，卻被強迫進行「反省」，身患沉屙卻得不到應有的醫治，人性何在？人道何存？這樣的處境怎能不讓他想起塞納河畔精神的漫遊？法國人吹著蘆笛攻佔了巴士底獄，打破專制與獨裁，打破人性的枷鎖，將一種新的精神矗立在法蘭西的土地上，自由、民主、人權、平等、博愛的理想成爲改造社會的精神動力。「今天，／我是在巴士底獄裏，／不，不是那巴黎的巴士底獄。／蘆笛並不在我的身邊，／鐵鐐也比我的歌聲更響，／但我要發誓——對於蘆笛，／爲了它是在痛苦的被辱著，／我將像一七八九年似的／向灼肉的火焰裏伸進我的手去！／在它出來的日子，／將吹送出／對於凌侮過他的世界的／毀滅的詛咒的歌。」⑪艾青的心田經歷過法蘭西自由之風吹拂，已經不能容忍摧殘人性的黑暗的存在，詩句裏蘊含著遭受迫壓後憤怒的情緒，表達了詩人反抗的決心和追求自由的不屈的精神。「蘆笛」是一種精神的標誌，自由的象徵，詩人藉以批判現實，抒發心聲。

這首詩在發表後曾經引起過爭議。有論者的批評是尖銳的，意爲一味耽於法國的藝術與精神，會造成靈魂的迷失；也有論者予以積極的評價：「他也沒有在那邊迷失了魂靈，在他的《蘆笛》上是刻得有他『自己底』印記的：他雖『耽愛』，他並沒有陷落在空虛的迷惘裏；他雖『詛咒』，他也並沒有『暴亂』到同在『白里安和俾士麥的版圖』上，也生長著好的一面而不認識。看吧，他是立腳在自己底祖國的土地上，以健旺的雄心來預備作這樣地歌唱的……因此，第一，艾青的『蘆笛』並不『脆弱』，決沒有『擱笛』的危險；第二，艾青本來就是一個，是一個要把『從波特萊爾和蘭布的歐羅巴』帶來的『蘆笛』來做『一七八九』的吹手的詩人。」⑫《鐵窗裏》是一首情境俱現的詩，囚室的鐵窗是艾青唯一可以看出去的地方，儘管很有限，但他卻在這種有限中發揮了無限的想像，身在牢房，心卻嚮往著外面的世界，渴望之情溢於言表。他寫道：「只能通過這唯一的窗，／我才能——／看見熔鐵般紅熱的奔流著的朝霞」，「看見拜訪我的故鄉的南流的雲」，「看見法蘭西繪畫裏的塞納河上的晴空」；「只能通過這唯一的窗，／我才能舉起——／對於海洋的懷念」，「對於馬雅可夫斯基的詩的太陽的懷念」，「對於家鄉的滿山火焰般杜鵑花的懷念」，「對於都市的洶囂的夜的街道的懷念」，懷念一切在「記憶裏留過烙印的東西」。牆外的車聲人語喧囂的生活，已經成爲高牆內的人的回憶，渴望自由，渴望生活，渴望光明，渴望擁有天空和大地，渴望春夏秋冬變更中的生命的追隨。自由是生命的權力，當它被無恥地剝奪後，懷念與想像成爲詩人聊以自慰的最好方式。懷念的是記憶的存留，故鄉的天上的流雲，山上的杜鵑；海上悠長的汽笛與巴黎晴朗的天空；凡此種種，在人與自然的交流中，在二十幾年生命的航程中，一樁樁，一幕幕，匯成了情感的暖流，澆灌著灰暗中的冰冷的心田。窗的想像是「新的希冀」，黃昏裏的「皓月與繁星」，暗夜中的「希冀與黎明」，嚴冬裏的「新春」等等，總是帶著希望的想像，也正是這種充滿希望的想像，帶給了詩人「多量的生命的力」。才能使他在監獄裏跨過「黎明黃昏，黃昏黎明，春夏秋冬，秋冬春夏的茫茫的時間的大海」。

《一個拿撒勒人的死》，這首詩是艾青在極度的病痛折磨中寫下的，他說是當作遺書寫的。詩的內容是根據《聖經》的故事寫的，耶穌被猶大出賣遭到彼拉多的逮捕，受盡苦刑和侮辱，最後與兩個盜匪一起被釘上十字架的情景。那撒勒人耶穌原本是幫人脫離苦難的拯救者，但他的所作所爲卻得不到猶太民眾的理解，在他被辱與受難的整個過程中，民眾的那種興奮地嚎叫和不斷地嘲笑伴隨著他，加重了他作為受難者的悲劇意義。「要救人的／如今卻不能救自己了」，這是詩歌的內在意指，耶穌形象的借用使得艾青心境畢現，當初的理想與今天現實的遭遇，詩人內心的落寞是可想而知的。改造社會現實努力的結果是自己獨自去承擔黑暗的現實的迫壓，他的努力只停留在個人認知的層面。耶穌的受難決非一個猶大出賣的結果，而是自己認同的角色與民眾認定的角色的錯位造成的，換句話說，耶穌「拯救」的普遍意義卻得不到普遍的民眾的理解，他的受難是統治者與被統治者的合謀，惟其如此，他被釘上十字架的悲劇意義就顯得格外突出。魯迅的小說《藥》的寓意是非常深刻的，「革命者」夏瑜所從事的也是一種「拯救」大眾的事業，可在他被捕殺頭時，他帶給民眾的是「殺頭」本身所引起的興奮、刺激，人們像趕集一樣奔赴刑場，占得有利位置，激動的期待一處重頭戲的上演，待劊子手手起刀落，血濺三尺，身首異處時，一齣戲也就到了高潮。而茶館的茶客們的議論，依然餘興未消，有的說他瘋了，有的為他的表現憤怒，有的覺得他可憐，沒有一個人覺到夏瑜的死與自己有什麼關係，更有如華老栓者，把他的血當作可以為兒治病的良藥。魯迅的一句「寄意寒星荃不察」，已然將這種深刻的悲哀做了真切的概括。艾青重病之下對於「死」的思考，孤寂的感受，以及內心深處的那種掙扎與反抗，在耶穌的故事裡予以真切地告白。

通過對以上幾首詩的分析，我們得以走進特殊情境下艾青的心靈世界，透過歲月的帷幕，彷彿看到一個被疾病折磨得消瘦不堪神情落寞的憔悴的青年，在監獄中苦苦掙扎的樣子。肉體與精神的雙重痛苦，使艾青對於生命的思考，對自由的渴望和自我不甘精神沉淪的自省，都顯得格外敏感，它是一種心靈的自覺。一個特殊階段的詩人的精神狀態就存現在那些詩作中，因之也成爲我們認識和瞭解詩人的重要視窗。

五、婚姻：家庭關懷的禮物

一九三五年十月，艾青在家中父親多方設法疏通關節，並請到軍方將領從中斡旋的情況下，蘇州反省院以「認罪態度較好，病情較重，需監外治療」爲由，將他提前釋放出獄，家中爲此花了不少銀兩，費了不少周折。他出獄那天，好友李又然前來接他，在聽說他被釋放的經過後，在心理上他無法接受這種方式的釋放，難以抑制的憤怒使他忍不住罵了起來，在李又然的勸說下，他慢慢平靜了下來，兩人一同到了上海。

艾青的此舉顯然是負氣而爲，他的父親費盡心思讓他脫離了苦海，希望他能早日回家，這也是整個家庭的願望，從他父親寄給他的錢數上就可以看出這一點——「僅僅足夠回家的路費」。艾青並沒有直接回家，而是與李又然一起在上海朋友處盤桓了一些時日，把父親給的路費花了個精光，在無以為繼的情況下，向留法時的同學雷圭元借了三十塊大洋，與李又然各分一半。在同學、朋友們的勸說下才和李又然一起到了杭州，李去了寧波，他回了金華。

艾青還在上海的獄中時，就有家中做主給他訂了一門親事，女方是他的一個遠方表妹，名叫張竹如。據他妹妹蔣希甯回憶，親事是有艾青的妹夫張祖良從中牽線的，「起先大哥並不同意，理由是：『我是個犯人，沒有資格談婚姻問題。』這可能是他的推脫之辭，主要是不喜歡這種結交女友的方式。但妹夫勸到，做個朋友總可以吧。艾青便沒有反對了。」張竹如家在浙江義烏農村，其母與艾青母親為表姐妹，兩家自然是相熟的。此時的張家因男主人過世而家境衰微，十六歲的張竹如來到艾青家照顧他的母親樓仙籌，她「舉止文靜，容貌清秀，人也比較能幹。雖只小學畢業，卻寫得一手好字。」⑬深得艾母的喜歡。兩家結親的意願很快在父母間取得一致。對張家來說，能將女兒嫁一個家境較好的人家是不錯的選擇，更何況是親上加親，彼此知根知底，即便女婿身在牢中，可也是出國留洋的新派人物，這在那個年代普通民眾的眼中也有著不同一般的意義。

對這門親事，艾青並沒有特別的反對，即便對家庭安排的這種傳統的婚姻方式有所不滿，也沒有表現出激烈地反抗的態度，在妹夫的勸說下，他也沒有堅持自己的立場和觀點。艾青如此的表現大概緣於對身在獄中現實處境的體認，在一定程度上降低了他浪漫主義甚或理想主義式的人生預期，孤苦無依，孤獨寂寞，孤立無援，疾病折磨的人生困境，使他特別渴望親情、友情的支持，何況自己前途渺茫，吉凶未蔔，有什麼理由挑三揀四呢？一個家鄉的少女，懷著純真的感情開始給監獄裏的艾青寫信，她的關心，她的問候，她的質樸而又真摯的話語，若涓涓細流浸潤著艾青荒寒的心田。艾青也給她回信，有時還寄上他的詩作，夾上他的素描，這種魚雁往來持續到艾青出獄。我想，在內心深處，艾青恐怕對這個少女的關懷是充滿感激之情的，不爲別的，就爲她不顧世俗的偏見，給一個「犯人」送上少女的關愛，僅此一點，就值得敬佩。她的所爲，可見出她並非完全傳統保守的舊式女子。

三年的光景，畈田蔣村並沒有太大的變化，可能是剛剛獲得自由的緣故，也可能是心理面有一個神秘的期待，心情比三年前回來時好了不少。家裏裏外忙碌，忙碌地準備著婚禮，艾青沒有見到他的未婚妻張竹如，在他到家時她已回家準備嫁妝去了。艾青大病初癒，體弱力薄，又不會做各種雜事，在家中反倒成了閒人，要麼在書房看書，要麼和弟妹村子周圍戲耍，全然沒有當事人的那種緊張忙碌。

婚禮是按照家鄉傳統的習俗進行的，整個過程形式繁瑣，有各種各樣的禮儀，舊式的婚禮大概都是這樣的。在蔣希寧的回憶裏，婚禮辦得很講究排場，不失家境殷實應有的體面。蔣忠樽雖對兒子的所作所爲有所不滿，但在婚姻問題上則表現出積極的態度，兒子的婚慶大典，關係到家族的聲譽和顏面，容不得草率，他進行了精心的佈置。家裏張燈結綵，喜氣洋洋，那塊「天倫敘樂」的木匾，已由傭人洗刷一新，高懸於廳堂之上，寄託著家中主人的理想。蔣忠樽忙著迎接客人，艾青則在母親的親自指導下梳洗換裝，留洋學生的髮型配中式長袍馬褂，足登鋥亮的黑皮鞋，再加上艾青身材瘦高，顯出一種特別的精神氣。新娘子張竹如苗條的身材顯得亭亭玉立，在顏色鮮豔的粉紅旗袍的襯托下更加風姿綽約。一對新人站在一起還挺般配，在大家的祝福聲中他們完成了人生的頭等大事。待宴席散去，生活是另一種開始，新婚燕爾，情意繾綣，艾青受傷的心靈得到了一定程度的治療。

艾青的這次婚姻，可以看作是家庭關懷的一份禮物，選擇了一個特殊的時期送給了他，因為代表著整個家庭的關心，他無力拒絕，也沒有拒絕。從他的父親蔣忠樽來說，原本是一個本分的鄉村地主，他在對兒子的期望落空後，想讓兒子跟著他平平安安過日子，沒想兒子不但不聽他的，反而成了一位「犯人」被投進監獄，讓一家人跟著擔驚受怕，也讓他在遠近親鄰面前沒有面子。這種想法是很可以理解的。在過去的中國農村裏，如果兒子心「野」了，不聽管教，最好的辦法就是給他取一房媳婦，認為這是讓兒子「收心」的有效方式。這大抵也是蔣忠樽為兒子成家的出發點。

在中國現代文學史上有一個有趣的現象，相當一些接受過西方現代思潮觀念影響的大作家、大詩人，在個人婚姻問題上，都曾經歷過相同或相似的經歷。一方面追求個性解放，追求男女平等，追求戀愛自由，婚姻自主；一方面又不得不去完成一個舊式的婚姻，在言與行上表現出分離的特徵。胡適如此，魯迅如此，郭沫若如此，徐志摩如此，郁達夫如此，艾青也是如此。不管他們有著怎樣的理由爲自己做出解釋，新思想與舊傳統在交鋒過程中出現的尷尬是難以回避的。由此也可以看出，二十世紀中國知識份子在現代化過程中與傳統文化、傳統思想之間的那種剪不斷、理還亂的複雜關係。

六、變動不居的生活

艾青婚後的生活是平靜的，但以他的性格是不會安穩於這種狀態的，時隔不久，他就告別新婚的妻子和家人，在妹夫張祖良的介紹下到常州武進女子師範學校任教，受聘擔任兩個班的國文課。張祖良當時也在該校任教，對當時的情形有如此記憶：「記得正是陰曆大年初三或初四，艾青到了常州，他穿的是一件很薄的長袍，可能他不知道這裏比他家裏冷得多。我叫他在旅館住下，在商店買了一件大綢袍子，第二天才到學校報到。」（周紅興：《艾青研究與訪問記》）據當時在該校讀書的學生、後來與艾青結婚並共同生活了十幾年的韋熒回憶，艾青是洋派人物，講起課來自然和那些老夫子、老學究有很大的不同，新的思想、開闊的視野和靈活的教學方法，使他的課在學生中頗受歡迎。講課之餘，艾青積極投入到學生的活動當中，表現出極大的熱情。艾青還擔任了該校辦的一份學生刊物《洗心》的主編，並親自撰寫了發刊詞：「每個學生都有自己的心聲，就如同潛流隱藏在地下一樣，總有一天沖出地面滔滔流向大海……」。鼓勵學生大膽地表達自己的思想和情感，在他看來，刊物應是學生傾吐心聲的地方，它是屬於學生的。這種做法在當時還比較閉塞保守的常州是很難與環境相協調的，也是很難爲校方所容忍的，他爲此還招致了學監的批評。一次，省裏派督學前來視察，學生本來就對學校的現狀有不滿情緒，聽到這個消息後，便有許多學生趕到車站去示威，使得督學及前去迎接的校長非常尷尬。艾青和他的妹夫張祖良也在學生隊伍裏，「率領學生隊伍到車站遊行、喊口號，反對他。」這次舉動使得校方對他極其不滿，在一學期結束後，校方藉故將他解聘。

艾青在常州的這段生活，調子也是沉悶的，守舊、落後、封閉的江南小城，不可能給他留下美好的印象，心情的灰暗反映在他的詩作中。《常州》一詩比較集中地體現了他對常州的認識與感受：「這裏是一片／低矮的住房，朝向天／晃著灰白的反光……／人走在街上，耳邊永遠／是一串包車的鈴聲混合著／那店鋪裏收音機的／低級的歌唱，圍困住你！／避路的時候／常要和人相碰；／雨天／須要當心踏進水潦；／在僻靜的小巷裏／有太多的小便處——阿木尼亞的氣味／最普遍地流散著……」⑭這是一種印象式的描繪，充滿了「惡感」，在一個自由與文明的世界裏生活過的人看來，小城的惰性，小城的汚濁，小城封閉自足的文化心理等不是之處就顯得格外突出。於是，筆尖的諷刺也就毫不留情：「有時一輛轎從街上抬過／所少的是前後吆喝的／一小嘍羅們，不然／我就以爲是在清朝了！」心情的惡劣與環境的影響有關，從中也可看出個人與環境之間的緊張關係。當然也有一些色調明亮的詩，可以反映心情的另一面，如《窗》、《眼睛》等，寫得情意綿綿。據說當時有一個女學生畫了一張畫給艾青，畫面上是一大一小兩棵樹，大樹高大挺拔、枝繁葉茂，小樹則依偎在大樹的旁邊。大樹旁寫著艾青的名字，小樹旁寫著學生自己的名字。也許這裏面的深意只有當事人自己才知道，可能這也是日後艾青所經歷的婚姻悲劇的伏筆。

被解聘後的艾青先回了畈田蔣，稍事休憩後即攜妻子張竹如到了上海。艾青不是一個很會安排生活的人，基本上都是走一步看一步，這與他閒散隨意的性情有關，不喜歡把每一步都計畫好了的生活。比如他帶妻子到上海後做什麼？何以爲生？這些問題他是缺乏周全考慮的。他們先在閘北的一處條件很差的亭子間裏棲身，後因實在無法忍受惡劣的住宿環境而搬至法租界拉都路住下。此時的艾青已不比從前隻身闖蕩的時候了，他已真正進入了屬於自己的家庭生活狀態，有了牽掛，有了承擔，也有了一份責任，從房租到柴米油鹽，雖然煩瑣卻又缺一不可，生活一下子變得具體而真實，真實得你無法回避。過去是養自己，一人吃飽全家都好，現在是養家，這就是責任。艾青爲了解決現實的生計問題，一方面賣文爲生，勤奮創作，積極投稿，爭取有多一點的稿費；一方面還每週在外面講授幾節美術課，掙點課時費。同時還兼做報刊的編輯工作。

上海的生活是艱苦的，但也有讓艾青心情舒暢的時候，這就是朋友的相聚與照應。艾青到上海後，見到了一批過去的同學、朋友，特別是像江豐、力揚這樣的曾經共患難的老朋友，因爲他有女主人可以打點生活，朋友聚會多半都在他的家裏，年輕的心靈之間有許多相通的地方，他們有共同的話題可以討論，也有不同的觀點可以爭論，在爲生活奔波的辛勞中，它帶給艾青的是一種精神上的慰藉。值得一提的是，艾青在此時還結識了一位新朋友田間，田間比艾青小幾歲，但他在詩壇出道較早，這時已有《中國農村的故事》、《中國牧歌》等詩集出版，在聽說艾青到上海後，他帶上自己的詩集專門拜訪，並在詩集的扉頁上題寫了「海澄哥教我」的話，這令艾青很是感動。朋友之交貴在真誠，自此二人結下了深厚的友誼。田間建議艾青把獄中所寫的那些詩歌整理出版，艾青頗爲心動，若能結集公開出版發行，那是再好不過的事了。他選取了包括《大堰河——我的保姆》、《透明的夜》、《蘆笛》、《馬賽》等九首詩編在一起，結集名爲《大堰河》。詩集的出版也是費了一番周折的，先由艾青的朋友俞福祚聯繫文化生活出版社，在送審至總編時未獲通過而流產。田間還曾動議將書推薦給魯迅寫總序的《新詩歌叢書》，而此套叢書也因故未出。最後在朋友們的慫恿下，艾青決定自費出版，他自己精心設計了封面，在大家的幫助下湊足了印刷所需的費用後，交給了印刷廠，一九三六年十月，艾青作爲詩人的第一本詩集《大堰河》終於出版，印數一千冊，交由書店寄售。

詩集《大堰河》出版後，銷路並不好，據說艾青每過幾天就要到書店去看看賣出去了幾本，結果每次去還是那幾本，後來他就不敢去了，因爲書店要讓他拿回去。與讀者反應冷淡相比，評論界卻對艾青投以極大的關注，爲此還引發了爭論。田間後來在談到當時的情況時，說他在艾青的詩集出版後，曾建議胡風寫一篇評介。胡風確曾寫了一篇極具份量的評介文章——《吹蘆笛的詩人》，幾乎把詩集中所收詩作逐首評過，對艾青在詩歌創作上表現出的藝術才華給予了充分的肯定。茅盾也注意到了這位詩人，在他的文章《論初期白話詩》中有所提及，一句「我不能不喜歡《大堰河》」就已表明了他欣賞的態度。也有論者對此發表了不同的看法，幾年前曾把艾青的詩作《大堰河——我的保姆》壓下不予發表的杜衡，這時撰文《讀〈大堰河〉》，他還是抽取《大堰河——我的保姆》作爲分析的重點，指出詩中的艾青有兩個：「一個是暴亂的革命者，一個是耽美的藝術家。」杜衡認爲艾青的複雜性矛盾性也就在這裏，體現爲一種分裂的特徵。應該說，杜衡的評價是有獨到之處的，他沒有人云亦云，也沒有簡單化的理解，而是從詩中看出了詩人內心世界的複雜性。在杜衡的文章發表後，跟著就有左翼批評家雪葦的反駁文章《關於艾青的詩》出現，從杜衡幾年前的思想到今天關於艾青的文章，用犀利的文筆進行了清理和批評。從某種意義上講，艾青是幸運的，在詩壇初出茅廬就受到文學界極具影響的批評家的重視，而且還成爲一個爭論的話題，在傳播學的意義上擴大了他的影響，爲他在詩歌創作領域發展提供了無形的力量和堅定的信念，同時也爲他在詩壇立足起了很重要的作用。

在《大堰河》出版不久，艾青寫了一篇針對何其芳的散文集《畫夢錄》的評論文章，題爲《夢、幻想與現實──讀〈畫夢錄〉》。何其芳是屬於京派的青年作家，一九三六年與卞之琳、李廣田合出詩集《漢園集》（何其芳的《燕泥集》，卞之琳的《數行集》，李廣田的《行雲集》三者合編。），因此成爲著名的「漢園三詩人」之一。一九三七年，《大公報》授予何其芳的散文集《畫夢錄》文藝獎金，一同得獎的還有蘆焚的小說《谷》，曹禺的戲劇《日出》。《大公報》本就是京派文人的陣地，從編者到作者都是京派中人，有周作人、廢名、俞平伯、林徽因、朱光潛、沈從文、林庚等爲它撰稿，還注意發現和提攜青年作家，何其芳就是因創作受到賞識而被接納到京派中的。平心而論，《大公報》授獎給什麼人，自有它的評定標準，是一種很正常的文藝活動，何其芳獲獎也沒有什麼值得非議的。京派在創作上的藝術趣味與價值取向，在當時的語境下是有些不合適宜的，他們以自由主義知識份子的姿態追求文學的獨立品格，有意識地與政治和意識形態保持著一定的距離。他們還追求「純正的文學趣味」，並以此來對抗文學的商品化。三十年代的文壇充斥著京派、海派、左翼作家發出的不同的聲音，相比較而言，京派在被戴上「閑適隱逸」帽子後，它的文學理想與文化價值取向，在階級鬥爭尖銳激烈的時代背景下，受到指摘與貶抑也就變得無可避免了。艾青與何其芳年齡相仿，都是在文壇嶄露頭角的青年作家，兩人互不相識，似乎沒有理由用毫不客氣甚至於挖苦的文字進行批評。艾青在所寫文章的後面有「一點聲明」，他說：「《夢、幻想與現實》這文章，是我讀了何其芳的《畫夢錄》後寫成的，原已由胡風先生編進《工作與學習叢刊》第五冊，該刊因故未出，後由胡風先生交《中流》，復因戰事停刊，這文章就一直擱下來了。現在聽說何其芳已到了西北，衷心願望這是《畫夢錄》作者的一種思想上進步的表現。不過一個作家所經過的曲折的路是永遠不應該隱瞞的，也只有這樣，那作家的進步才是有了來源。」⑮ 從這段文字中可以看出，艾青的文章是得到胡風的支持的，況且文中觀點與胡風主張的文學觀點是相合的，實際上，一個年輕作家對另一個年輕作家的一篇評論文字，已在不經意間代表了文壇對京派作家群的一種看法。艾青年輕氣盛，說起話來自然也無所顧忌，一篇文章把他的個性、氣質、觀點、思想都表現了出來。而作爲被批評者的何其芳，免不了有「無端受辱」的感覺，對此事耿耿於懷，終於在一九四〇年將這口窩藏已久的「惡氣」發洩了出來。他在《給艾青先生的一封信——談〈畫夢錄〉和我的道路》中，難掩心頭的不平之氣，稱艾青的文章是「一篇壞書評」，對他的人和文都做了不公正的判斷。自此兩人「交惡」，即使日後在同一個政權下相處，也始終保持著一定的距離。

除了上述的一些活動外，在一九三六年下半年到一九三七年上半年的一段時間裏，艾青還積極地進行著詩歌創作，留下了一些具有時代思想特徵和個性特點的詩作。《賣藝者》裏那些浪跡江湖的藝人，呈現的是一種生命的放逐，可悲的生存境遇，使他們有著不知所措的茫然：「我們自哪兒來的？／我們往哪兒去呢？」，「哪兒是我們的家鄉？／哪兒是我們的家？」這是一種悲憤的追問，是什麼使他們漂泊無依、流離失所？是什麼使他們背井離鄉、喪失家園？是「旱荒，饑饉，戰爭，／把我們逐出／生我們的村莊」。這裏蘊含有詩人悲憤的情感，也有無力改變現實的無奈。《夢》是詩人對戰爭即將來臨的預感，是他對夢中出現的戰爭在夢醒後的記錄，曠野上孤零零的一間大房子裏擠滿了男女老少，轟炸的飛機就在房子的上方盤旋，屋子裏的每個人都處在恐懼中，而屋外的曠野沒有樹沒有草，即使逃出去也無處可躲，這是一種生命所面臨的絕境。在作者的潛意識中，可能有一種對於戰爭即將來臨的焦慮。時隔不久，殘酷的現實驗證了詩人的預感。《太陽》所表達的是「我乃有對於人類再生之確信」。「太陽」意象在艾青早期的詩歌中就不止一次地出現，由此而形成了他貫穿一生的詩歌創作的主導意象。「它以難遮掩的光芒／使生命呼吸」，哺育萬物，再造生機，但它的到來也非易事，要從「遠古的墓塋」出發，穿越「黑暗的年代」，「從人類死亡之流的那邊」一步步走來，於是我們看到，高山震醒，萬物復甦，生命蛹動。《生命》是對生命的承載和生命的寄託的思考；《黎明》是對充滿希望的生命圖景的歡呼，它是讓人走出黑暗的前方的誘引，是人生不會絕望的希望之燈。從總體看，這些詩作抒情的意味很濃，是詩人心靈狀態的詩化表現。

到了一九三七年六月底，張竹如的產期日益臨近了。艾青由於自費出版《大堰河》朋友處的借款尚未還上，而自己的報刊編輯一職也被解雇，失去了經濟來源，生活也沒有了保障。生孩子需要錢，孩子出生後也需要錢，現實的窘境不由艾青不著急，待在上海又找不到可以賺錢的職位，只好另謀它求。一九三七年七月六日，艾青攜妻子張竹如踏上了滬杭線的列車，這一次又是他的妹夫張祖良介紹他到杭州蕙蘭中學教書。在滬杭線上，望著車窗外匆匆閃過的田野，詩人按捺不住湧動的詩思，寫下了《復活的土地》。「腐朽的日子／早已沉到河底」，「春天的腳步所經過的地方，／到處是繁花與茂草」一派生機盎然的景象，「忠心於季節的百鳥」正在熱切的呼喚播種者播種，因爲「大地將孕育／金色的顆粒」作爲回報；在這個充滿希望的田野上，你這個「悲哀的詩人」還有什麼理由不「拂去往日的憂傷」？應該讓希望在自己負傷的心裏蘇甦，「因爲，我們曾經死了的大地，／在明朗的天空下／已復活了！／——苦難也已成爲記憶，／在它溫熱的胸膛裏／重新漩流著的／將是戰鬥者的血液。」這首詩裏的情感基調是明快的，用大地的生機和希望治療心中的憂傷，「復活的土地」是對苦難的顛覆，而真正讓土地復活的，是那些獻身於土地的戰鬥者。

杭州之行，艾青是迫於無奈的選擇，心情自然也好不到那裏去，況且戰事臨近，各方媒體相繼報導進展情況，前途堪憂。就在他到達杭州的第二天，震驚中外的「七・七」蘆溝橋事變發生了，中日戰爭全面爆發，中華民族開始了拯救民族危亡的全民族抗日戰爭，救亡圖存，已超越了黨派的利益，超越了階級的局限，變成了全民族的頭等大事。按照魯迅的說法，只要他不是漢奸，爲了抗日，不論哥哥妹妹，之乎者也，還是鴛鴦蝴蝶都無妨。張竹如恰好是在到達杭州的第二天（七月七日）產下一女，這一天是國恥日，艾青爲女取名七月。蔣忠樽、樓仙籌夫婦對孫女的到來也是滿心歡喜，但覺得取名不夠雅致，遂寫信給兒子，建議將名字改爲「雪蘆」，有以雪國恥之意。

到杭州後的三個月內，艾青的詩歌創作處於停滯狀態。主要原因可能是因爲女兒的出生，艾青被帶入了一種全新的家庭生活，柴米油鹽、煮飯燒菜、侍弄產婦、洗曬尿布等生活的瑣事占去了他相當多的精力和時間，在這種生活狀態中是不可能產生詩意的。何況這樣的生活還要刻意的精心的去維護，艾青經常在完成家務活後，接著要準備第二天的課，哪還有詩思的心情？再加上從「七·七」事變到上海的「八·一三」事變，戰爭的危險在一步步逼近，如何去面對即將到來的戰爭，是艾青無法回避的問題，內心的焦躁不安也破壞了他進行詩歌創作的興致。

附注

①蔣海濤：《關於艾青生平和創作的一些情況》，見駱寒超編《艾青研究論文集》，新疆人民出版社一九八四年版。

②《艾青全集》第五卷三三七頁。

③《母雞為什麼下鴨蛋》見《艾青文集》二七四頁，內蒙古人民出版社一九九九年版。

④轉引自楊匡漢、楊匡滿著《艾青傳論》，上海文藝出版社一九八四年版。

⑤周紅興：《艾青研究與訪問記》第三七一頁，文化藝術出版社一九九一年版。

⑥《艾青全集》第一卷二二三～二二六頁。

⑦《艾青全集》第三卷三四五、三五五頁。
⑧李又然：《艾青——回憶錄之三》，《新文學史料》一九八三年第二期。
⑨胡風：《密雲期風習小記》，一九三六年十二月二〇日。《胡風全集》第二卷第四五五頁，湖北人民出版社一九九九年版。
⑩《艾青全集》第一卷二九、三〇頁。
⑪《艾青全集》第一卷三一頁。
⑫雪葦：《關於艾青的詩》，見《艾青專集》第四三〇頁，江蘇人民出版社一九八二年版。
⑬蔣海濤：《關於艾青生平和創作的一些情況》，轉引自駱寒超編《艾青研究論文集》，新疆人民出版社一九八四年版。
⑭《艾青全集》第一卷一〇九頁。
⑮《艾青全集》第五卷三六二頁。

第四章　抗戰：輾轉流徙中的人生與詩

一、戰時行跡

(一) 逃難之途

艾青在杭州每天都在密切關注著報刊對於戰事的報導，留意最新的發展態勢。一九三七年十一月十七日上海失守，十八日嘉興陷落，日軍距離杭州已近在咫尺，杭州城裏氣氛驟然緊張起來，國民黨浙江省政府的一些機構已開始向金華轉移，由於對戰爭的恐懼，城裏的人開始向外逃難。艾青所供職的學校也因爲戰爭的影響而停課，「沒有學生來上課了，我也就借了盤費，離開杭州。」他在對戰爭的陰霾籠罩下的杭州的各色人等的精神狀態進行了概括後，這樣寫道：「在他們，從不曾想到會有如此大的禍患，真實的落在自己的頭上。他們恐怖著災難，但他們不會反抗，而且也不想反抗，最後，他們逃跑了——卻仍就不曾放棄掉偏窄，自私，自滿，諂媚與奉迎；所放棄的是農人們給他們耕植的土地，和工人們給他們建築在土地上的房屋。」（《憶杭州》）這篇寫於一九三七年十二月二十五日的文章，發表在胡風主編的《七月》雜誌上，顯然，他對杭州市民在面對戰爭時的表現是不滿的，言多批評。也許，對於風險的規避是人的本能，讓手無寸鐵的老百姓都有自覺的直面戰爭的勇氣和反抗的精神，艾青的批評可能有些苛責。局勢的惡化，容不得他多想，他攜帶妻女匆匆離開了杭州，回到了畈田蔣村的老家。

艾青在老家只做了短暫的逗留。「覆巢之下，焉有完卵？」，小小的畈田蔣村淪入敵手也只在朝夕之間，強烈的民族自尊心、愛國心、正義感使艾青有著堅定的決不做亡國奴的信念。他要到武漢去，那裏是抗戰的中心，那裏已經聚集了一批為抗戰奔走呼號的人，包括艾青非常尊敬的胡風。他的想法得到了妹夫張祖良和妹妹蔣希華的回應，於是大家決定一起北上武漢。然而離別的心情是複雜的，況且此次又不比往常，亂世中的逃難也罷，奔赴抗戰大義也罷，總是有許多未知的變數，親人離散，骨肉分離，此去吉凶難料，禍福不知，再加上還要帶著妻子和剛滿月的女兒「七月」，這更增加了蔣忠樽夫婦的憂心。大家的心情是沉重的。

艾青一行是從金華站乘火車西行至南昌，再轉道九江，從九江乘船到武漢。這樣輕鬆的一筆勾勒真應了說起來容易做起來難的常言，而實際情形真可謂千辛萬苦，恐非親歷者所能形容得了。在金華車站，到處都擠滿了拖兒帶女、背著大包小包逃難的人，還有從滬寧線撤下來的大批傷兵，情形很是淒慘。戰爭把所有的秩序都破壞了，火車也不例外，什麼時候到車，什麼時候開車，沒有人能說得清楚。當艾青前去問到南昌的車什麼時候發車時，車站辦事員看都不看他就說：「十二點。」這只是隨口一說。他又去問另一位辦事員，才知道已有很長時間不賣票了，只要有車擠上去就是了。剛好蔣希華也探得新的消息，說還有一輛去南昌的車，對此，艾青後來如是描述：「妹跑來，說在擠滿了人的那排列車的那面，還有一排列車，很多人就從車廂下面的鐵輪邊屈著身子走過去。我們也就從車廂下面的鐵輪邊走過去。一排列車停著，從每個車窗看去裏面都擠滿了人。這也是到南昌的車。我們擠上去。在廚房車的過道間用鋪蓋和皮箱安排了我們的坐位。時間過去了，我們等著。……九點多鐘時，車終於開了。」①

從金華到南昌大約要十幾個小時，在擁擠的車廂裏，看著傷兵陰鬱的眼射出的灰暗的光，看著一張張逃難者的面孔，艾青感到有些悲壯。但這並沒有影響他因戰爭而激發出的昂揚向上的精神信念，隨著車輪有節奏的聲響，他的思緒在黑夜中蔓延：「機頭的燈光照耀著軌道兩旁的原野。我這黑夜裏的乘車者，很安然地讓自己內心的波動隨著這鐵輪的轉軋的有節律的聲音展開我的思緒，我是如此的堅定：這批示給我的漫長的行程和廣大的中國的土地，都使我有做一個中國人的強烈的歡喜與驕傲。」「黑夜甚至帶給我一種宗教的情感，純樸地願望著祖國能早日從少數人的自私與頑固的枷鎖裏解脫，明日的自由的天國，不就在我們的前面了麼。」②從文字中可以看出，即便是在擁擠不堪的車廂裏，詩人的心胸是開闊的，對土地的深厚情感，對祖國的熱愛，使他在對未來的確認上充滿了希望，表現出的是積極進取和樂觀向上的精神狀態。

從九江上船，一路顛簸了幾天，終於到達武漢。此時的武漢既有從南京、上海等地遷來的國民政府大批黨政軍人員及其隨從家眷，又有各地蜂擁而至的難民，一時人滿爲患。艾青也是人生地不熟，找一處落腳的地方亦非易事，幾經努力才在漢口車站大智路附近找到一家簡陋的旅館住下。在他到武漢不久，壞消息一個接一個地傳來，南京、杭州相繼淪陷，國破家亡的痛感是很真切的。當時在武漢有一批文化界的人，艾青見到了老朋友，也結識了新朋友，有胡風、田間、江豐、李又然、蕭軍、蕭紅、端木蕻良、馮乃超等，他們大多住在武昌，與艾青有一江之隔，往來不甚方便。艾青決定搬家，從漢口搬到武昌，借住在武昌藝術專科學校的傳達室裏。雖然生活條件艱苦，但能與文化界的朋友在一起，畢竟是件令人愉快的事，有了一個可以談話的圈子，可以向知心朋友傾吐心中的塊壘，可以與朋友一起探討藝術觀點，交流做詩的心得，分析時局變化。艾青與胡風的接觸也多了，他和田間熱心地爲胡風主編的《七月》奔波忙碌著。然而，艾青家中的情況是無法讓他滿意的，由於女兒太小，再加上張竹如年輕不會帶孩子，女兒的啼哭經常讓艾青煩心不已，破壞了他的心境，使他無法從事創作，據說他還爲此打過張竹如。但都無濟於事。在那個動蕩不安、戰亂頻仍的年代，知識份子已沒有能力經營自己的安樂窩了，朝不保夕的生存狀態使他們失掉了許多平常心，內心充滿了焦慮和緊張感，創作是他們釋放這種焦慮和緊張的主要途徑，一旦連這樣的途徑都被阻塞，其所承受的精神上的痛苦也就可想而知了。造成這種情形的肯定不是張竹如母女，她們本該享有安穩平和的生活，是被更多的親人照顧呵護的對象，而如今卻要用這樣一種方式去承擔被戰爭扭曲了的生活。

然而，沒什麼東西能阻擋時間的腳步，在對戰爭的恐懼中，在緊張、焦慮、無奈的生活現實中，人們迎來了一九三八年晨光。新的一年又會給人們帶來什麼呢？對許多人來說，一切都是未知的。那麼，艾青在做些什麼呢？新年剛過，他就和力群、江豐、陳煙橋、李樺、新波等人積極籌辦「抗敵木刻畫展覽會」，這是在胡風的倡議下發起組織的，《七月》社同仁自不必說，還得到了文藝界其他朋友的大力支持。中國現代木刻畫的傳播與發展，是和魯迅的提倡介紹是分不開的。胡風一定程度的繼承了魯迅的現實戰鬥精神，讓木刻畫這種藝術形式發揮鼓舞鬥志、參與現實的作用。一月六日，艾青寫了一篇題爲《略論中國的木刻》的文章，對始於魯迅的中國木刻進行了宏觀分析，在指出這種木刻所具有的現實意義的同時，還對中國木刻存在的缺陷進行了批評。儘管是爲了配合展覽會而作，兒不了宣傳鼓噪之嫌，但艾青的文章是確有獨到見識的，他沒有在一切爲了戰爭的主導背景下，放棄藝術的審美要求，放棄藝術個性的追求，這也是爲什麼在上個世紀三十年代，許多作家無條件接受戰爭文化規範的要求，「文章下鄉，文章入伍」，一切爲抗戰服務，在時代「共名」③的涵蓋下進行創作，文學的現實責任是宣傳和鼓動，這種實用主義的價值取向，不可避免的降低了作家對於藝術水準的追求，藝術個性喪失。艾青的可貴就在於他並沒有隨流從眾，而是在關注現實的同時，堅持了自己藝術品格的獨立性，使他在三十年代的創作獲得了巨大的成功。一月八日，「抗敵木刻展覽會」在湖北通志館正式開展，吸引了文藝界的很多人前來參觀，這讓胡風、艾青們很是興奮。在展覽會結束後不久，艾青還和馮乃超、胡風、聶紺弩、東平、樓適夷、蕭紅、田間、端木蕻良等一起參加了在「七月」社舉行的「抗戰以來的文藝活動動態和展望」的座談會，他在會上做了長篇發言，對當時創作中存在的「單純化」、「空洞化」的現象進行了批判。通過這些活動的參加，客觀上對艾青起了一種形象展示作用，也使他的心理在紛亂中得到了一種滿足。

（二）北上與南下

艾青自到武漢後，基本上沒有可拿薪水的工作，而一家人生活料理的費用又全靠他，再加上戰時武漢眾人雲集，物價飛漲，這對艾青無疑是雪上加霜。如何生存是他不得不考慮的問題。胡風是艾青的良師益友，艾青的處境自然會引起他的注意，剛好這時他收到民主人士李公樸的來信，請他幫忙物色推薦幾名教員到山西臨汾「民族革命大學」去任教，校長由閻錫山親自擔任。胡風就推薦了艾青和蕭軍。學校主要是短期培訓抗戰幹部，實際負責人是李公樸，他向在武漢的艾青、蕭軍等人發出了聘書。一九三八年一月二十七日，艾青攜妻子與蕭軍、蕭紅、田間、聶紺弩、端木蕻良、李又然等人踏上了去臨汾的火車。艾青對胡風在危難中給以關懷的這份情誼，總是心懷感激，在後來的文字中也多次提及。

臨汾之行，確乎爲生活所迫，不然，艾青也不會拖著妻女千里迢迢走異地、投異處。在這種情況下，他的心情也不會好到那裏去，他在後來曾這樣憶及：「我到那兒是當美術教員。完全是逃難性的。」這也是艾青第一次踏上長江以北的中國大地，沿途總有一些與以往不同的所見所聞，車過隴海線，自然景色上的變化就越來越明顯，天寒地凍，蒼莽的大地沒有生命的綠意，寒冷的西北風刮過光禿禿的原野，盡現無情的荒涼。只有道路兩旁偶爾閃過的村莊，只有那嫋嫋升起的炊煙和黃土原上行走的老鄉，才爲這陰冷、空曠的大地注入了生命的溫暖。北方的見聞激發起艾青的創作欲望，張竹如在後來回憶及此時說：「他每當靈感來了，就趕快寫，在火車上，在旅途中，所見所聞，都觸動他。這些詩，都是他親眼所見到的社會生活的真實表現。」④艾青一路走一路畫，將北國蒼涼的暮色、原野的晨曦，將田裏耕作的農婦、城門口持槍守衛的士兵，將渡口等待的人群、流浪的乞丐等留在了他的拍紙簿上；他還一路走一路寫，留下了《乞丐》、《手推車》、《風陵渡》、《駱駝》等一篇篇《北方詩草》。

二月六日，艾青一行人到達臨汾。此時的古城臨汾，已沒有了往日的悠閒與寧靜，籠罩在前所未有的躁動和不安中。由於太原失守，閻錫山所在的第二戰區司令部以及各類軍政機關紛紛退至臨汾，一時之間，讓一個原本簡單的古城頓時變得複雜了起來，國民黨、共產黨、軍政要員、小商小販、流亡人員等都來了。日本侵略戰爭的威脅對於身處腹地的中國人來說，因太原的被佔領而一下子變得真切起來，但緊張的氣氛中抗日的熱情也在不斷高漲。山西民族革命大學設政治、軍事、民運、藝術等系科，藝術系又設美術、舞蹈、文學、歌詠、戲劇等課，艾青和蕭軍就在藝術系任教，艾青給學生上美術課，蕭軍給學生上文學課。民大由於人際關係的複雜，艾青的心情不會好到哪裏去，他本人對此並沒有記述，倒是在蕭軍一年後寫的《側面》一書中描述了當時的情形，有人對他冷嘲熱諷，說他「偉大」，他就反唇相譏，進行反擊。蕭軍的脾氣「暴躁」是有名的，喜怒哀樂皆以他爽直的方式表達出來，從來不藏著掖著，因此，從他的文字中可感知艾青當時的心境。當然，民大也有讓艾青情緒高昂的地方，青年學生抗日救亡熱情非常之高，深深地感染著他同樣年輕的心靈。一年以後，他在《懷臨汾》一詩中寫道：「在北方的夜裡／我曾迷惑於／那空闊的高爽的灰藍色的天／而那天是以／疏落的棗樹的枝椏支撐著的……」全詩有五節，這只是其中的一節，詩中流露出詩人在民大期間的心緒，有熱情、也有痛楚，有渴望、也有茫然，天下興亡，匹夫有責，然詩人空有報國之志卻不知道如何去做，心境是矛盾而灰暗的。事實上，心情的好壞已在其次了，因爲日子的安穩馬上就要喪失掉了。就在艾青剛教課二十幾天後，日軍開始進犯臨汾，由於無險可守，臨汾的陷落也只是遲早的事。閻錫山率領他的軍政人員撤離臨汾，向晉陝交界的黃河邊轉移。臨汾城內人心惶惶，民大的師生也開始向北撤離，蕭軍對當時的混亂局面在他的《從臨汾到延安》一文中曾有記述：「大街上成了叫賣場，破軍衣、爛靴鞋，各式的衣服，雜色的被褥——隨處堆積著。這些叫賣者大部分是民大的學生，他們喊叫著每件東西十分之三的價值……要出發了，需要錢……並且他們也不能攜帶這些廢物。」民大師生退往何處？就連他們的校長閻錫山也不清楚，據曾在該校任過職的杜彥興回憶，隊伍到達平渡關時，時任教務主任的杜任之向學生發表了講話，意思是願意去延安的到延安去，願意去西安的到西安去，哪兒也不願去的留下。此言一出，即刻就有五六百人渡過黃河去了延安，有一部分去了西安，留下的約有三分之一到了陝西宜川。艾青選擇去了西安，他大概對其他的選擇更沒有把握。西安在他看來，還有一定的迴旋餘地。

在西安，艾青與張仃、陳執中等畫家和高陽等作家一起成立了「抗日藝術隊」，他擔任隊長。帶領一部分民大的學生深入西安附近的臨潼、華縣等地宣傳抗日，對艾青來說，這可能是他在當時找到的有效的加入全民族抗戰的一種方式。五四以來，啓蒙知識份子的角色定位，在抗戰爆發後發生了根本的變化，「啓蒙」讓位於「救亡」，無條件的服從於戰爭的需要，「創作」與「宣傳」，個人的與功利的，放棄自我，服從大局，這是時代的賦予。艾青還爲「抗日藝術隊」寫了隊歌，歌詞曰：「我們愛祖國，愛土地，愛人民╱不怕路途的遙遠與艱苦，╱永遠擎著民族解放的火把！╱莫問我們的家，╱整個中國已被糟蹋，╱我們要工作，要戰鬥，要學習，╱要把古老而悲苦的祖國，╱變成自由獨立的新中華！」這之中高揚的是時代精神的主旋律。他們的宣傳工作並沒有堅持多長時間，由於隊裏有人被暗殺，艾青懷疑內部有特務，也爲整個宣傳隊蒙上了一層厚重的陰影。昔日的那些可以共患難的朋友，今已各奔東西，田間早就參加了丁玲領導的西北戰地服務團，李又然也去了延安，在遇到這樣恐怖的突發事件後，艾青感到空前的無助與孤獨。他離開「抗日藝術隊」準備返回武漢。

艾青對於這段北方生活，雖說是「逃難性的」，但也「很可紀念」。他在後來的一篇名爲《爲了勝利》的文字裏描述了他對於蘊藏在北方民眾身上的那種巨大的力量的感受：

我到了北方。在風沙吹刮著的地域，我看見了中國的深厚的力量，當每次列車運著無數的士兵與輜重與馬匹馳向前線。

我曾和一些朋友在車站上和潮濕的泥地上睡眠——為了向民眾宣傳。我曾看見了有些人如何對抗戰怠工，如何阻礙著發動民眾的工作。但我更看見了民眾的力量在無限止的生長，擴大到任何一個角落——當我每到一個地方的時候，都會遇到一些純樸的青年，因愛好真理而愛好了文學，和因愛好了文學而愛好了真理是一樣的。他們都是最勇敢而堅決的戰鬥者。我也接觸到了一些民眾，他們已學會了理解戰爭，他們的語言常常流露了自己單純而最本質的願望，他們是新中國的基本的構成員。

這種認識的獲得，與他走近民眾的生活，與他們有了思想的交流是分不開的，它不同於過去的文人圈子，不是以藝術的趣味爲出發點，他看到的是生活的本質力量的真實。

四月初，艾青與妻女乘車返回武漢。在經過鄂豫兩省交界的武勝關時，寫下了一首《車過武勝關》，春天來了，農夫舉起鞭子，驅趕著老牛在田間耕作，突然烏雲滾滾，電閃雷鳴，照徹整個山谷，正當大地被恐怖的寂靜主宰的時候，「只有一匹白馬／站在中原的高崗上／

呼嘯暴風雨的到來……」顯然，白馬意象是一個抗擊暴風雨的力量的象徵。回到武漢，艾青的心情是很感快慰的，一方面這裏是全國抗戰的中心，可以隨時對自己的生活做出判斷，另一方面，胡風等一批文化界的朋友都在這裏，心理的穩靠感強多了。就在他到武漢之前的三月二十七日，「中華全國文藝界抗敵協會」（簡稱「文協」）在漢口的總商會大禮堂成立，它的出發點就是廣泛團結各類愛國的文藝家為抗戰服務，它超越了黨派與階級的利益，自覺地服從抗戰的需要，明確提出了「文章下鄉，文章入伍」的口號，會議還選舉了郭沫若、茅盾、馮乃超、夏衍、胡風、田漢、丁玲、老舍、巴金、朱自清、郁達夫、朱光潛、張道藩、陳西瀅、王平陵等四十五人的理事，又有理事會推舉老舍為總務部主任，主持「文協」的日常工作。「文協」還在全國設立若干分會及通訊處，並辦有會刊《抗戰文藝》。四月一日，《文藝月刊》第九期刊登文協的《發起旨趣》，茅盾、老舍、胡風等九十七人署名，艾青也列名其中。這樣的消息令艾青感到振奮，山西之行的低沉的情緒被撲面而來的抗戰的熱潮沖淡了。艾青急切地想為抗戰做點事，但此時的武漢，戰雲密佈，日軍加強了對武漢的空襲。四月二十九日，日軍出動大批飛機轟炸武漢，年輕的中國空軍駕機迎戰，三鎮人民並未像過去一樣躲避空襲，而是走上街頭或爬上屋頂，仰觀天空，為中國空軍喝彩助威，而中國空軍也在此次保衛武漢的空戰中，不畏強敵，英勇格鬥，取得了擊落敵機二十一架的輝煌戰績，大大地鼓舞了全國人民的鬥志，增強了戰勝侵略者的信心。

艾青親眼目睹了這場慘烈的空戰，他也像其他人一樣吶喊助威，並爲中國空軍的勇敢精神深深感動，空戰過後，他寫下了《這是我們的——給空軍戰士們》一詩：「當你們所駕駛的飛機／排成隊／在太陽光下／在刺眼的藍色的天空中／迅速地經過了／祖國的無數城市和村莊／向遠方飛行時／你們可曾看見／成千成萬的民眾／仰著他們的頭／在祝頌你們的平安？」這是一首急就章，從急切的表達中可看出詩人激動的心情。戰爭意味著犧牲，意味著一部分人要用生命去捍衛另一部分人的生命，因此戰爭中體現出的人的生命的崇高感也就特別容易震撼人心，人們對於那些出生入死的生命自然充滿了感激和敬佩。艾青對於戰爭的感受是刻骨銘心的，及至晚年，他仍在《從記憶中醒來》一文中寫到：「我雖然沒有到過前方，我卻經受了日本空軍的狂轟濫炸——上海的大轟炸、武漢的大轟炸、桂林的大轟炸、重慶的大轟炸、延安的大轟炸。在桂林，我住的房子被炸毀了；有一次，我在郊外，一個彈片落在離我只有兩三米遠的地方。我是戰爭的倖存者。」「四·二九」空戰所起到的鼓舞人心的作用是難以估量的，文藝界更是不甘人後，發揮他們的特長和優勢，在武漢三鎮開展了聲勢浩大的宣傳抗戰活動，組織群眾集會，搞詩歌朗誦會、歌詠會，上演街頭劇、活報劇，還放映與抗日有關的電影，形式靈活多樣，他們進部隊，下工廠，慰問傷患，鼓動工人。民眾的抗日情緒空前高漲，各行各業，三教九流，上流階層，下等草民，在抗日的大是大非上表現出了前所未有的一致性。在這樣的氛圍中，艾青獲得了鼓舞心靈的力量，他先把赴北方時寫的《乞丐》、《手推車》、《風陵渡》、《北方》、《駱駝》等詩作交給胡風主編的《七月》發表，同時，在躲避空襲的刺耳的警報聲和巨大的爆炸聲中，他開始構思和寫作他的長詩《向太陽》。

除了創作，艾青還參加了大量的文藝界組織的活動，如《七月》雜誌的數次座談會、《抗戰文藝》創刊座談會等，以一個知識份子的方式投身於抗日的時代洪流中。而這時傳來的著名作家周作人公然附逆的消息卻令艾青憤怒。抗戰爆發後，北京的大批知識份子南遷西撤，包括胡適等周作人的朋友都勸其撤離，但周作人執意不走，留在了北京。也許周作人不走有不走的理由，就像一九四九年他不離開大陸一樣，這裏面自有其深層的文化心理和價值觀念在起作用，不是三言兩語所能說明白的。中國知識份子歷來視天下為己任，天下興亡，皆關乎自身，袖手旁觀已是失去本分，豈能為了苟活性命於亂世而不顧名節？在和平時期，選擇什麼樣的生活方式是個人的自由，他人無權干涉，可在戰爭狀態下，敵我分明，整個社會進入了專制時期，已不允許有個人選擇的可能，大是大非、民族氣節、道德操守，容不得半點含糊。同是中國現代知識份子的朱自清，寧可餓死，也不吃美國的救濟糧，以正直清白之節操樹立了一種人格典範，多少年來，一直為人們所稱道。周作人的所作所為，引起了國人的公憤，武漢文化界抗敵協會於五月五日通電全國，對其進行嚴厲譴責：「不惜葬送過去之清名，公然附和倭寇，出賣人格。」五月十四日，《抗戰文藝》發表了由茅盾、郁達夫、老舍、馮乃超、胡風、王平陵、胡秋原、丁玲、張天翼等十八位作家聯名簽署的《給周作人的一封公開信》，信中指出：「先生出席『更生中國文化座談會』之舉」，「實係背叛民族，屈膝事敵之恨事，凡我文藝界同人無一人不為先生惜，亦無一人不以此為恥。」這封信措辭是非常嚴厲的，但也給周作人留有餘地，希望他能幡然醒悟，迷途知返，不要淪為中華民族的大罪人。艾青對周作人這種認賊作父的叛逆之舉感到非常憤怒，他寫下了《懺悔吧，周作人》。這首詩已然沒了詩意的含蓄，語氣激烈，語意直白：「周作人／在祖國艱苦地戰鬥著的時候／叛變了」「周作人／那狼藉在無光的街巷裏的／被殺戮的屍體／你看不見麼？」「周作人／你能忘記自己／是這流血的種族的子孫麼？」通篇都是譴責的語氣，在艾青的人生歷程上，還從來沒有使用過如此激烈的言辭去抨擊某一個人，可見，在關乎民族氣節和民族自尊心的問題上，他做出的評判是立場鮮明和不留情面的。

隨著日寇頻繁的猛烈的大轟炸，武漢三鎮已是滿目瘡痍。到處是廢墟瓦礫，殘垣斷壁，流離失所的人露宿街頭，無辜的百姓有被大火燒焦的，有被炸得殘缺不全的，活著的人在無助地呼喚尋找著在轟炸中失蹤的親人，隨處都是一幕幕不忍目睹的淒慘景象。艾青用筆寫下了《人皮》和《爲被難著控訴》的詩篇，將慘絕人寰的罪行記錄，將仇恨化作了憤怒的詩行。而同時，日軍正在調集重兵準備進攻武漢，國民政府也在調兵遣將，一場大戰將不可避免。而對於戰局結果的預料，能否守得住，政府都心裏沒底，一些重要機關和部門已開始秘密西遷重慶。聚集於此的文化人也開始向外疏散。艾青身處險境，拖著妻女顯然不是辦法，那麼到那裏去呢？他自己也沒有明確的去處，正如他所說：「戰爭年代，人們流離失所，到處漂泊，誰也不知道自己將要到哪兒去。」戰爭給人們的生活帶來許多變數，在哪里居住？住多長時間？做什麼事情？認識些什麼人？一切都是不確定的，也是不可知的。

就在艾青思忖前往何處時，女作家謝冰瑩推薦他到湖南衡山縣的一所師範學校去教書。於是他便攜張竹如母女於七月下旬離開武漢到達衡山。然而，衡山的情形卻難以如願，由於校長的推諉，教書的事落空，艾青只能賦閒在家，一家人的生計成了問題。從一九三八年八月十六日寫的《致S》的信中可看出他心情之急切：「我來衡山，本由冰瑩介紹到省立鄉師教國文，昨日始晤由長沙歸來之校長，談話結果，毫無把握（據云須看教育廳撥款數再決定招考新生否，而我是來教新生的），故我是不能等待他了。你能否爲我在貴校設法一下？或者別的學校？望你能幫助我。所得能維持生活就好了。」⑤艾青還在衡山意外地碰到了他留法時同船的著名編輯孫伏園，恰巧孫伏園在擔任該縣的縣長，他設宴款待了艾青。艾青晚年在《思念胡風和田間》一文中寫道：「這個年代倒也會從匆匆而過的人群裏遇到不期而遇的人物。我從武漢南下到湖南衡山，就碰上了一九二九年到法國的同路人孫伏園，他是衡山縣的縣長，請我吃了一頓飯，在座的有詩人S.M，他後來也是胡風的朋友，遭受到和胡風同樣的命運。在衡山，我也遇到日本的反戰的戰士鹿地亙和夫人池田幸子，他們當時很狼狽。」⑥文中所提S.M，即詩人陳守梅，又名阿壟。「他鄉遇故知」，總是件令人高興的事，在一定程度上緩解了艾青因生活無著產生的焦慮的心情。中國五大名山之一的南嶽衡山就坐落在衡山縣內，此山巍峨挺拔，峰巒疊嶂，將雄渾與秀美合於一體，聚天地造化之靈氣，真是一個遣散心靈的好去處。艾青便暫時拋開煩惱，與友人一起寄情山水，賞景賦詩，彷彿置身於紛亂的世界之外。我們看到了《秋日遊》、《斜坡》、《秋晨》這樣的吟誦自然的詩作。雖然有朋友相伴，有山水徜徉，可生活是實在的，一日三餐，柴米油鹽，都是生活之必需，任何人都無法回避，因此，艾青內心的煩惱依然存在，大丈夫不能養家糊口，不能爲妻子女兒撐起一把可以遮風避雨的傘，其內心的沮喪是可想而知的。艾青在衡山度過了窮困的三個月。

（三）從桂林到重慶

武漢失守後，日軍對湖南形成南北夾擊之勢，省城長沙毀於一場大火，老百姓四散逃命。

先期到達桂林的朋友番草寫信給艾青，邀他到那裏去工作。番草是一位現代派詩人，不知何故，深得桂系賞識，由他出面，給艾青謀一個差使不是什麼問題。桂林地處灕江之濱，城市雖不大，但風景秀麗，別有一番景致。從一九三八年開始，就有一批又一批的文化人雲集於此。當我們今天清點這些文化名人的時候，發現它是多麼壯觀的文化景觀，巴金、郭沫若、夏衍、黃藥眠、馮乃超、胡風、魯彥、艾蕪、司馬文森、常任俠、周而復、聶紺弩、力揚、李又然、袁水拍、番草、高蘭、覃子豪、舒群、鄒荻帆、陳殘雲、陽太陽等等，不一而足。他們被戰爭驅趕到了這裏，從事各種形式的抗日救亡的文藝活動，一時間，刊物叢生，書店林立，名人薈萃，小小的桂林成了全國的文化重鎮。

艾青到桂林的時間大約在一九三八年的十一月中旬左右，他與張竹如母女住進了位於梓祥巷的一間屋子，房間狹小，僅能放一床一桌而已，燒飯只能在屋外走廊進行。由於番草的介紹，艾青受聘擔任《廣西日報》「南方」副刊的編輯，幾十元的月薪除去房租還能維持三口之家的生活，這對數月來流浪不定、衣食無著的他來說，是可感欣慰的。《廣西日報》乃桂系控制的報紙，李宗仁、白崇禧爲代表的桂系地方勢力與蔣介石領導的中央集團素有矛盾，在一些方面自行其事，文化領域也推行相對開明的、寬容的政策，這在追求自由精神與獨立思想的文化人眼裏是有一定吸引力的。艾青接辦「南方」後，編選發表了大量的關注現實、揭露戰爭罪行的詩與文，他自己也直接撰稿，表達他對於現實問題的思考和看法。實際上，報刊作爲當時最主要的資訊傳播媒介，統治階級是深知其重要性的，桂系也不例外，對於《廣西日報》及其副刊這樣的輿論工具，自然不能放任自流，外鬆內緊，在看到「南方」辦報的思想超越了他們的容忍度後，他們採取了用《廣西婦女》、《廣西青年》、《廣西衛生》等一些堂而皇之的欄目來擠兌，對此，艾青非常憤怒，他說，刊物辦到這個份上，「與公共廁所」無異。於是，他便辭去了「南方」的編輯職務，「南方」也剛好在他手裡編滿了一百期。

在艾青到桂林不久，他的第二本詩集《北方》出版了。其中只收入《復活的土地》、《雪落在中國的土地上》、《北方》、《手推車》等八首詩，是一個薄薄的小冊子，由艾青自己掏錢印刷的。可能由於艾青編「南方」的原因，增加了他與文化界同人認識與交流的機會，也擴大他在文化界的影響，他的文學活動受關注的程度自然比以前大大提高。因此，當《北方》出版後，隨即出現相關的評論文章，林林、適夷、邵荃麟等紛紛撰文，或肯定艾青詩歌的現實性，或分析他詩作以憂鬱爲特徵的情感基調，或感受他詩中蘊涵的鼓舞人心的積極力量。總之，從不同的角度對他的詩集進行了評價。作品是作家的精神產品，是凝聚著作家汗水和心血的勞動成果，如果作品發表後讀者和評論界沒有任何回應，那對作家來講是可悲的。公開發表的作品不是供自己孤芳自賞的，它是社會性的，在進入公共領域後，人們有權對它進行評價。這種評價對作家是重要的，因爲他藉此知道了自己價值的所在，也藉此知道了自己作品的長短得失，所謂旁觀者清嘛。人們對艾青詩集的熱情關注以及由此而來的社會反響，是出乎艾青意料的，他很興奮，因爲這是一種價值確認，也可以看作是對他在詩歌創作道路上的階段性獎勵，這對他繼續下一個行程是極爲重要的。在桂林的這段日子，是艾青詩歌創作一個重要階段。《吹號者》、《他死在第二次》等重要詩篇都出在這段時間。

在桂林，艾青的個人生活發生了很大的變故，再加上他已辭去了《廣西日報》副刊「南方」的編輯職務，內外夾擊，使他處在一個非常窘迫的境地。一九三九年九月，艾青到了湖南的新寧，受聘擔任新寧衡山鄉村師範學校的國文教員。新甯在湘桂交界的夫夷江邊，背山面水，是一座美麗的小城。艾青在這裏待了將近八個月的時間。上個世紀二十年代中期，以陶行知爲代表的鄉村教育派，主張大力推進中國鄉村教育的發展，這也是教育救國的一種嘗試。後來，這種嘗試遂漸成風氣，各省均有出現。新寧衡山鄉村師範學校就是這種教育思想的產物。艾青在學校除了上爲數不多的幾節國文課外，大量的時間是和學生一起深入田間地頭，走進鄉村生活之中，在瞭解和認識生活的過程中接受教育，這也是鄉村教育派「生活就是教育」辦學思想的體現。艾青背上畫板流連於田野間，遇上心有所動的景致就隨意畫上幾筆，亦或吟上幾句小詩，倒也顯得情趣盎然，儼然有點世外桃源的感覺。這期間留下的以《曠野》、《土地》爲代表的一組鄉村抒情詩，有著很高的藝術水準，即使放在今天的語境中去審視也毫不遜色。

戰爭是非理性的，它並不以某個人的意願爲轉移。戰爭的進程也時時牽動著艾青的心，他從各種可能的管道關注著戰事的發展。由於各種原因，艾青的心情變得越來越壓抑，他在重慶的朋友來信要他前去，他心動了，重新踏上了動盪不安的人生的又一段行程。對此，韋熒回憶說：「我和艾青大約是五月中旬前後離開新寧的，當時走水路安全，但彎路較多，曲折而且艱苦，至今想來有一種『亡命』的味道。剛開始，是從夫夷江乘小木船到邵陽，再從那裏轉道長沙。我們手裏只有葛一虹寄來的一點錢做盤纏，而路上估計最少也得一個月光景，錢是否夠用，實在是一個問題，所以，雖然沿途風光宜人，艾青卻無心流覽，心情始終不算很好。船上吃食也挺糟糕，每當開飯時，船老大著人爲每個人盛一碗米飯，上面鋪一層辣椒，碗是黑汙的木碗。目睹此景便沒有了食欲。在逃難路途，人是毫無選擇可言的。艾青緘默的時候多，看著緩緩退向後去的兩岸，一言不發。」⑦這一路的艱辛是可以料想的，沿途所見，使艾青對於人生的悲涼更加深了徹骨的感受，戰爭降低了人的生存品質，無法講究，也無力講究，生逢亂世，「活著」的意義被凸顯了出來。

艾青是六月初到的重慶，因人生地不熟，又沒有錢住旅館，他和韋熒暫時借住在位於臨江門的中華文藝界抗敵協會。「文協」的總務主任是老舍，數年間勤勤懇懇，兢兢業業，無私地為文藝界的抗戰工作嘔心瀝血，深得大家的尊敬。「文協」也是戰時很多流浪至此的文藝界人士的投靠地，

剛剛落腳的艾青，還沒來得及喘口氣，就得躲避一次又一次猛烈地轟炸。重慶是著名的山城，因四季多霧而稱霧都。城市依山而建，隨山勢起伏而錯落有致，長江與嘉陵江在此匯流，若沒有戰爭，這個城市是可以用壯美來形容的。由於它的地形特點，挖起防空洞來也比較方便，且因龐大的山體的掩護，防空洞相對比較堅固，今天的重慶還隨處可見當年挖下的防空洞，有的被老百姓作了倉庫，有的被作了修理行的門面，有的被廢棄，但這是一段抹不去的歷史記憶，它是一個民族遭受恥辱的提醒。可能也因為重慶有一些可資依賴的天然條件，日軍轟炸的強度很大，對城市破壞程度也就很高。六月十二日，刺耳的空襲警報拉響了，艾青趕緊和大家一起躲進了防空洞，待空襲過後大家回到「文協」，那裏的房屋已是千瘡百孔，面目全非。這次轟炸給艾青留下了深刻的印象，一個多月後，在重慶北碚他寫了一篇名為《炸後》的文章，細述了當時的目擊情景，現選取一段，內容如下：

走過了狼藉著電線杆子與電線與瓦礫的十字街口，我們來到我們居住的地方。房子被震壞了，但它還站立在那裏。到處都是土灰，灰蒙住了任何一個角落。我們很

小心地走著樓梯，這樓梯的扶手被房子痙攣的時候撕斷了，頹然傾斜著；樓梯的踏級上，堆著天花板墜落來的石灰的破片與碎塊與粉末。我們走上了二樓，我們走上了三樓。我們隔壁房子裏的人已比我先回來了，他們正在他們的房子裏，很困難地打掃著石灰堆。我們的房門被震開了。一切都改變了位置，一切都被壓在灰裏。彈片從牆上進來，洞穿了天花板出去。窗子上的玻璃完全被打碎，撒滿了房子。房子中間的電燈，掛下來，一直到地板上，那亂結著的電線，像一束從地上撿起的雞腸，塗滿了灰。四面的牆上是彈孔，地板上也是彈孔，有幾處被壓塌了，滿地板堆的是石灰和泥土和瓦片和玻璃。……我們從石灰和泥土和玻璃的堆積裏，尋著了友人的信件，我們所愛的書籍和稿子。在那些稿子上，幾乎是一律地寫著對於日本軍事法西斯的嫌惡和對於中國反侵略戰爭的讚美。在那些稿子上，幾乎全部是對於暴力的鄙夷和對於反抗的崇敬。在那些稿子上，幾乎全部是火一般的句子，中國的詩人就每日用著這些句子去燒起中國人民比火更粲然的仇恨，去摧毀一個企圖滅亡他的敵人——日本法西斯的強盜。⑧

記憶是如此的細微詳盡，不厭其煩的敍述正表明著一種生命記憶的深刻度。這樣的文字即使在今天讀去，人們依然不會去關注文字的繁簡與敍述語句的美感，而是戰爭直逼人的生命存在的殘酷性、野蠻性；它所激起的依然是對於戰爭的仇恨。我們感動於詩人在瓦礫中尋找書稿的身影，因爲我們因此聽到了一個知識份子充滿正義感的聲音，它表達著對於反抗的讚美和對於暴力的鄙視，同時還表達了依靠人民力量最終戰勝敵人的堅定信念。

飛機轟鳴，炸彈呼嘯，到處牆倒屋塌，血肉橫飛，人們除了「防空」以外，不得不面對每次轟炸過後滿目瘡痍的淒慘景象。艾青的心情非常鬱悶，他多麼想有一張安靜的書桌供他寫作，可這樣的想法竟也是那麼不切實際，顯得有些奢侈，「偌大的中國已放不下一張平靜的書桌」，這不是誇張，而是戰時知識份子的現實處境。由於「文協」被炸，安全已沒有保證，要遷往距重慶四十公里以外的北碚。艾青在連續不斷的轟炸中東躲西藏，不可能有創作的環境和心境，這對他來講是痛苦的。人除了自由，創造是他的另一個本質。既沒有自由，也不能創造，這樣的生命對艾青是一種煎熬。長詩《火把》被《中蘇文化》的編輯葛一虹拿去，給了他二百大洋的稿費。重慶的生活書店的老闆也希望把他寫於新寧的詩作交給該書店出版。另外，重慶的評論界也對他給予熱情的關注，常任俠、黃藥眠、歐陽凡海等都著文對他寫於抗戰時期的詩歌，如《北方》、《他死在第二次》等給予了高度評價。這在一定程度上是對他亂世生命的一種安慰。

艾青也隨「文協」搬到了北碚，借住於林語堂的小洋房，然後再設法租房。他先去拜訪了住在黃桷鎮的胡風，自武漢一別，兩年未見，少不了許多關切和詢問，也多了鬱積於胸的對於亂世的感慨。還從胡風處得到了一些離散朋友的消息，和他們對於自己的牽掛，這讓艾青感動不已。隨後他又拜訪了陶行知，陶任校長的育才學校已聘艾青擔任「文學講話」課的教員，還請他任新文學科主任。以陶行知的聲望，自可以聘得一批優秀教員來任課。古文科主任是老舍，音樂科主任是賀綠汀，美術科主任是陳烟橋，戲劇科主任是章珉。該校收留了大批從淪陷區流亡來的青少年，除了傳授基本文化知識外，還要根據學生的專長進行分科培養，因材施教，學有所長，使他們能接受良好的教育，成長爲報效國家的有用人才。

艾青在林語堂的小洋樓裏住了一個多月，因育才學校從北碚遷至合川縣草街子，他隨學校一起遷到了「明家院子」。這是一處破落地主的舊宅，被學校以每年二百八十元的價錢租下來，用來作爲教員宿舍。艾青的課並不多，多數時間是隨意的，他暫時告別了轟炸帶給他的心理疲憊，與年輕的心靈一起漫步在文學的殿堂，呼吸著田野的芬芳，詩人的生活出現了久違的詩意。他們把學校旁邊的樹林命名爲「普希金林」，把林中的小路取名爲「奧涅金路」。「沿著鋼琴的聲音所傳來的方向，朝著另一個小山的松林間尋覓，一個壯麗的寺院就隱現在裏面，這就是育才學校。」（《夏日書簡》）詩人已經有了欣賞自然景致的心情，他看到了「褐色的、紫色的、暗黛色的、淺藍色的山！溫和的、險峻的、寬大的山」，它們「互相牽連著又各自聳立著」，而「岩石、茂林、夾谷、峰巒、山與山之間的窄小的平野，沿著山向上延展的梯田、村舍……構成了這曠野的粗壯而富麗的畫幅」。艾青在很長一段時間裏已經沒有這樣富有詩情畫意的文字了，輕靈的文字可以感受到他心靈的鬆弛。他利用可能的時間進行著自己的創作，留下了《曠野》（又一章）、《老人》、《公路》、《高粱》、《篝火》、《廣場》、《夜》等等詩篇。

合川鄉間的生活是亂中取靜，難得的悠閒讓艾青得到了休憩，但這樣的日子並沒有持續很長時間。育才學校的辦學思想使它能夠聘請一些共產黨人和民主人士擔任教員，校園的思想氛圍是比較活躍的。這引起了國民黨當局的不快，陶行知作為一校之長，也面臨著巨大的壓力。這一年冬天，陶行知連續收到了寄來的恐嚇信，一時間，校園內傳言四起，說如果他不辭職，當心吃一顆流彈。為了安全起見，陶行知考慮避一避，他找到艾青，對他說：「育才你來搞，我去美國。」艾青詩人的本質使他對擔任領導之類的工作沒有興趣，他只想從事自己的創作，也就沒有答應陶行知的要求。而這時日本人對重慶的轟炸次數明顯減少了，那些為了躲避轟炸搬到鄉下的文化人又紛紛搬回城裏。艾青也接到《文藝陣地》雜誌社的邀請，受聘擔任編委，並參與編輯工作。且剛好此時詩作發表甚多，所得稿費也不少，生活壓力有所減輕。於是，他謝絕了陶行知的好意，返回了重慶。

回到重慶的艾青，積極參加了各種文藝活動。由於他的《火把》在《中蘇文化》上發表後，在山城重慶產生了轟動效應，在一些集會的場合，朗誦《火把》者甚多。朗誦文學作品是那個時代的一種風氣，抗戰爆發後的武漢，曾出現過像高蘭、錫金這樣著名的朗誦詩人，通過這種活動來達到鼓舞人心、激勵鬥志的目的。後來，朗誦漸成爲一種風氣。艾青參加最多的是「詩歌晚會」，這是一種集詩歌作品朗誦、報告、座談於一體的活動形式，每次由一位有名望的詩人或評論家主持。據說艾青也支持過這樣的晚會。這種形式爲詩人們提供了可以經常見面、交流的平臺，共同感受舊作，也一起欣賞新作，在詩藝切磋中會見老友，結交新朋，這份熱鬧代替了許久的心靈的寂寞，從艾青這段時間的表現可以看出他是愉快的。然而活動多了勢必會影響他的寫作，內心的焦躁不安又會時不時地冒出來。十二月二十七日，他寫了一篇名爲《迎一九四一年》的文章，其中表達的殷憂是明顯的：「我對於每個新的年歲的到來，常常感到恐懼。所以當我眼看著一九四一年從冬季的霧所迷濛著的天邊，踏著枯乾的，鋪了薄霜的，凍結的土地走來的時候，我的心實在有些沉重。年歲是一隻饕餮的野獸。它嗜愛著吞食我們的計畫和希望。而我們，這些可憐的，匍匐著的東西，生活著一天，就得拿我們的計劃和希望，餵飼這無饜足的張開著的嘴。」⑨ 創作始終是詩人的生命，沒有創作，詩人的價值就會消解。艾青對於時光匆匆而過產生的內心焦慮，正是對自己創作現狀的清醒自省。

二、憂鬱的注視

從某種意義上講，艾青的憂鬱是「與生俱來」的，也是貫穿他詩歌創作始終的。「農民的憂鬱與傷感」是童年的鋪墊，而青春的憂鬱已是一種氣質的形成，與生命同體。《大堰河——我的保姆》、《透明的夜》、《畫者的行吟》、《賣藝者》等早期詩作中就隱現著憂鬱的情懷，而抗戰爆發後的中國社會現實，加劇了他的憂鬱。個人的坎坷命運與民族的屈辱加深了他情感中的憂鬱與孤獨，有人將此名之爲艾青的「憂鬱情結」，它會在其詩歌創作中不自覺地流露出來，無形中構成了作品的情感基調，變成了一種「憂鬱的抒情」。他在一九三〇年代的詩歌大抵如此。

著名的俄羅斯哲學家別爾嘉耶夫在談到青春期的憂鬱時說：「由充溢的生命力之不能實現和對實現這些力量的懷疑引起了憂鬱的產生。青年時代，存在著許多希望，企冀生活是有趣的、出色的，充滿了非同尋常的相遇與事件。在希望和充滿了失望、痛苦、悲傷的現實之間，在希望和生命於其間消蝕的現實之間，總存在著某種不對應。倘若以爲憂鬱產生於力量之匱乏，那是一種誤解，憂鬱產生於力量之充盈。在生活的高度緊張之中也存在著憂鬱的時刻。」⑩ 這段話對艾青也是適用的，我們所分析的恰是他三十歲之前詩歌中的「憂鬱」，帶有青春期的諸多特點。理想與現實之間的距離、個人價值與民族利益的需要等等，這之中存在著很多不和諧。而青春期又是生命力奔突不已的時期，旺盛的力量和敏感的心靈在與現實環境的碰撞中，更容易產生失落感、受挫感，「憂鬱」就會被凸現出來。

《雪落在中國的土地上》寫於一九三七年冬天的一個雪夜。山河破碎，爲中國大地增加了沉重的悲涼，許多人流離失所，避難他鄉。「雪落在中國的土地上，／寒冷在封鎖著中國呀……」，起勢一句便是宏闊的涵蓋，「雪」的意象指向社會現實，寒凝大地。農村與農民是和土地密不可分的，小草戀山，野人懷土，農民才是真正的土地的主人，他們與土地是一種生命依存的關係，沒有人能夠超越他們對於土地的情感。「雪落在中國的土地上」，自然會先落到他們的頭上，這場雪不是瑞雪，不是可兆示來年五穀豐登的雪。相反，它是一場災難的降臨，是「寒冷的封鎖」，是土地的淪喪。因此，詩人首先將目光轉向中國的農民，表達了對他們命運的深切關懷和憂慮。「那從林間出現的，／趕著馬車的／你中國的農夫／戴著皮帽／冒著大雪／你要到哪兒去呢？」，惡劣的現實不可能給他們好的出路，詩人的擔心是真切的。從生活在北方草原的牧民，到南方烏蓬船裏垂頭坐著的人們，詩人真可謂心憂天下。趕著馬車逃亡的農夫，失去男人保護的蓬頭垢面的少婦，在受盡敵人刺刀戲弄後流落他鄉；而「無數的／我們的年老的母親，／都蜷伏在不是自己的家裏，／就像異幫人／不知明天的車輪／要滾上怎樣的路程……」，「透過雪夜的草原／那些被烽火齧啃著的地域」，有無數的土地的墾殖者，他們失去了所飼養的家畜，失去了肥沃的田地，「擁擠在／生活的絕望的汙巷裏」。詩人面對中國土地上深重的災難，他的憂鬱也變得異常的嚴峻。痛苦的思緒源於無法回避的殘酷現實，而之所以痛苦，之所以能爲中國農民的苦難產生心靈的關切，就因爲「我也是農人的後裔」，「我能如此深深地／知道了農人們生活的『歲月的艱辛』」。主體情感的投入是一種自覺的心靈貼近，自我人生的遭遇與民族命運緊密聯結在一起，當他感受到「中國的苦痛與災難／像這雪夜一樣廣闊而又漫長」時，憂鬱的情感顯得那樣的深沉，被塗抹上了鮮明的時代色彩。這首詩受到了胡風的激賞，發表於《七月》第七期上，它以深沉的悲憤、深廣的憂鬱打動了許多人，成爲當時詩歌朗誦會上頗受歡迎的作品。

在此之前的一首《復活的土地》中，作者直接談到了自己的憂鬱。對於一場即將來臨的戰爭風暴的預感，對於全民奮起抗戰的心理期待的實現，對於中華民族即將在血與火的洗禮中再生，他顯得既興奮又激動。因此他對憂鬱的認識也出現了變化：「就在此刻，／你——悲哀的詩人呀，／也應該拂去往日的憂鬱，／讓希望甦醒在你自己的／久久負傷著的心裏：／因爲，我們的曾經死了的大地，／在明朗的天空下／已復活了！」如果能真的從此一掃往日的憂鬱，讓心裏始終陽光明媚的話，那艾青可能會是另一個樣子。而實際上當興奮歸於沉靜，讓想像重回現實，憂鬱便又情不自禁地出現在他的筆下。侵略戰爭不是一種浪漫的想像，它是和家破人亡、流離失所、遍地餓殍聯繫在一起的，是屠戮、死亡等暴行的製造者。喪失家園的痛苦，甚至於淪爲亡國奴的恥辱，都是一種現實的威脅。這也是爲什麼興奮是短暫的而憂鬱卻是長久的原因。

在一九三八年初，艾青離武漢而去山西臨汾，在隴海沿線，在潼關、臨潼、風陵渡等地出入，所到之處，無不是戰亂帶來的淒惶景象。正如端木蕻良所說，北方是悲哀的。《北方》這首詩，整體風格是雄渾、沉鬱的，它所面對的是渾闊的世界，想像豐富，意象豐盈，詩人的抒情便也有了縱橫捭闔的氣勢。北方大地的荒涼、陰鬱與戰時亂象，觸動了詩人敏感的神經。在詩人眼裡，北方人民「失去生命的綠色」令他感到悲哀，凜冽寒風掃蕩荒漠的原野令他恐怖，目之所及，村莊、山坡、河岸、頹垣與荒冢，「都披上了土色的憂鬱」。正如王國維所說：「以我觀物，故一切皆著我之色彩」，詩人強烈的主觀情緒滲透在那些物象之中。那種對於生的掙扎，對於苦難的承擔，對於貧窮與飢餓的忍受，對於獲取生命滋潤的渴望，都強化了詩歌的悲哀感，並且浸透至整個北方大野，詩人雖爲南方客，「卻愛這悲哀的北國」，正是這樣的情感，使他不可能面對苦難的大地無動於衷；也正是這種愛，使他面對「一片無垠的荒漠」卻產生了崇敬之情，因爲那裡有深厚的偉力。「我們踏著的／古老的鬆軟的黃土層裏／埋有我們祖先的骸骨啊，／——這土地是他們所開墾／幾千年了／他們曾在這裏／

和帶給他們以打擊的自然相搏鬥／他們爲保衛土地，／從不曾屈辱過一次，／他們死了／把土地遺留給我們——／我愛這悲哀的國土」，詩人告訴我們，北方大地的歷史是足可自豪的，祖先遺留給我們的土地應該有一種堅硬的精神的站立，並且相信這種精神是「永遠不會滅亡」的。

當初的想像被具體的生活現象和事實所替代後，詩意發抒的對象變得越來越具體。《手推車》就是詩人在北方大地看到一種司空見慣的生活景象後，產生的詩意深化，「手推車」是詩人捕捉到一種象徵性形象。也許，「手推車」這樣的勞動與運輸工具，平凡而又實在，在一般人的眼裏是不可能發現詩意的。但在艾青眼裏，小小的手推車，承載的是北方農民的悲哀，以及他們生活的艱難和無可奈何的歎息。獨輪軋過大地，在貧窮的小村與小村之間，發出使陰暗的天穹痙攣的尖音，穿過寒冷與寂靜，廣闊與荒漠，響徹著北國人民的悲哀。「手推車」是單調的，質樸的，詩的語言是簡潔的，但卻蘊含著歷史苦難的實感，沉重地碾壓過讀者的心靈深處。關於這首詩，艾青自己說：「這是關於北方農村的寫景。我用它來表現北方農民的艱苦。凡爾哈侖寫農村的破落與城市的觸角，啓發了我寫中國黃河流域日益增長的苦難。」《乞丐》也是此時所作，悲慘世界，觸目驚心：「在北方／乞丐用最使人厭煩的聲音／吶喊著痛苦／說他們來自災區／來自戰地。」，成群結隊的乞丐徘徊在黃河兩岸，他們是戰爭的受害者，他們原本會有屬於自己的生活，也可以以自己的方式保持一點人的尊嚴，但戰爭的車輪把他們的生活軋得粉碎，他們被拋出了生活固有的軌道，「饑餓」是他們最最真實的心靈感受，饑餓使他們尊嚴盡失，「伸著永不縮回的手」向任何人「要求施捨一個銅子」。由於「饑餓」對於生命的威脅，那種渴求食物的欲望已把人性嚴重扭曲：「年老的失去仁慈」、「年幼的學會憎恨」。

《驢子》與《駱駝》，詩人關注到了北方與農民關係密切的兩種生命形式，並發現了它們身上所具有的與農民相通的一種精神特徵。「驢子」是詩人藉以表達憂鬱的生命物象。披滿沙土、乾毛剝落的身體，依然無休止地奔走在原野上，為人們拖運著什物，在它「灰色的眼瞳裏」映照著的是「北方的廣漠的土地的憂鬱」，它用小小的、疲乏的腳蹄，走在廣漠的土地上，荒涼的道路崎嶇不平，「你倦怠，你辛苦，你孤獨」，但還是得「在這永遠被風沙罩著的土地上」走下去。「駱駝」與「驢子」相比，顯得既笨拙又陌生，也許你無法理解它的一些神情舉止，也許你會覺得那高大的笨拙很可笑，可在貌像笨拙的皮相裏，卻蘊藏著舉世無匹的堅韌品格，「他們來自北國荒涼的原野，/他們跨越過風與塵土統治之國，/他們在堅韌裏消磨年月」，四季輪迴，酷暑嚴寒，南來北往，馱送金銀，搭載機械，他們無言地忍受著千辛萬苦，這樣的品格難道還要受人嘲笑嗎？驢子也罷，駱駝也罷，都只是詩人借物抒懷的意象，北方農民的命運才是他的關切點。

如果說以上的詩歌情感基調比較憂鬱的話，那麼，抒情長詩《向太陽》則是一首基調明亮的作品。該詩是以一九三八年四月武漢保衛戰為背景寫作的，中國人民抗戰的熱情激發了詩人創作的欲望，熱情奔放的抒情表達的是熱火朝天的抗戰。抒情主體「我」拖著疲憊的傷痛的身體從「昨天」來到「今天」的城市，盡管長途跋涉，滿身酸痛，但我卻「用囚犯第一次看見光明的眼／看見了黎明」。詩歌一掃往日的陰鬱，在「太陽」的照耀下，一張張臉，不分男女老幼，「昨天還慘愁著但今天卻笑著的臉」，為什麼會有這樣的變化呢？難道我們忘記了自己的苦難嗎？不是，因為「我們愛這日子」。苦難、饑餓、死亡都沒有忘記，只是我們所愛的日子給我們「帶來了燦爛的明天的／最可信的音訊」。對於光明的感知，如同一個在暗無天日的牢房中待久了的囚犯，被突然釋放重見陽光，就會倍感溫暖、倍感光明，越發珍視生活，對未來充滿希望。保衛武漢的具體社會風貌是詩人抒情的出發點，他讚美「比拿破崙的銅像更漂亮」的傷兵，讚美「在石橋上，／在太陽下／唱著清新的歌」為抗戰募捐的少女，讚美「為國家生產／為抗戰流汗」的工人，讚美「要用閃光的刺刀搶回我們的田地」而操練的士兵。因為有了社會各階層人們合力抗戰的實際表現，在詩人的眼裏，前景才一片光明，作為象徵光明的「太陽」意象，才不會只給人以抽象的感覺。這首長篇抒情詩也是艾青的一種嘗試和探索。如何駕馭比較宏大的抒情題材，用什麼樣的方法來表現等，都是一個需要思考的問題。他把人民抗戰的宏大景象作爲抒情的背景，然後採取濃縮法，集中以一個太陽初升的早晨和人群熙攘的街頭作爲抒情敍事的對象，虛實結合，比較好地反映了民族危難之際國人同仇敵愾共赴國難的精神。詩歌突出了時代的主旋律，話語的個人性色彩被淡化。

著名的短詩《我愛這土地》寫於一九三八年十一月十七日，是艾青親身體驗北方農村災難現實後的作品。讀來凝重深沉，銘感肺腑：「假如我是一隻鳥，／我也應該用嘶啞的喉嚨歌唱：／這被暴風雨所打擊著的土地，／這永遠洶湧著我們的悲憤的河流，／這無止息地吹刮著的激怒的風，／和那來自林間的無比溫柔的黎明……／——然後我死了，／連羽毛也腐爛在土地裏面。」這首詩向來被看作是艾青表達愛國情感的典範之作，猶如杜鵑啼血，憂憤深廣。只最後「爲什麼我的眼裏常含淚水？／因爲我對這土地愛的深沉……」兩句，已足夠震撼人心。在這首詩中，我們又看到了那種憂鬱的情感，可能是親見的北方農村的苦難景象，成爲他心頭難以揮去的陰影，每當他歌唱光明時，總會看見陰影的存在。因此，詩人的感情變得複雜起來，千言萬語，竟無語凝咽，便都含在這「淚水」之中了。詩意含蓄、深沉、內斂，情感的抒發顯得莊嚴神聖。艾青在解釋《我愛這土地》的格調爲何如此悲憤時說：「我的心是很軟的。我對土地、家鄉、窮苦人，總是充滿同情。我把自己比作一隻鳥，即使我死了，羽毛也要腐爛在故土上面。詩的最後，我說：『爲什麼我的眼裏常含淚水？／因爲我對這土地愛得深沉。』這前一句也許有些誇張；這後一句，的確是發自靈魂的真音。」⑪ 這是一種真情告白，有助於讀者準確把握詩歌的內在蘊涵。

應該說，艾青對於個體的人的生命價值的關注與思考，也是他詩歌頗具感染力的重要方面。以個體的生命去承受時代與民族的苦難，將個體生命意識融合到時代、民族之中，在群體、民族的解放中，昇華與排遣個體生命的孤獨感，是艾青詩歌創作的一個特點。《吹號者》是一首敍事詩，寫於一九三九年三月末。在題記中他這樣寫道：「好像曾經聽到人家說過，吹號者的命運是悲苦的，當他用自己的呼吸磨擦了號角的銅皮使號角發出聲響的時候，常常有細到看不見的血絲，隨著號聲飛出來……。吹號者的臉常常是蒼黃的……。」艾青也說過，吹號者是他自己的一個暗喻，寄託了他的情感與理想。作者所深情歌頌的「吹號者」是戰爭中的普通士兵，他蜷臥在鋪著稻草的地面上，合在穿著灰布衣服的污穢的人群裡，但他是第一個醒來的人，拿著他的號角在漆黑中走上山坡，去迎接遠方的黎明。他吹響了起身號，「世界上的一切，／充溢著歡愉／承受了這號角的召喚……」，萬物甦醒了。他吹過了吃飯號、集合號、出發號、行進號，在他號聲的引領下，戰士們完成各種準備走上前線。當戰鬥打響後，「我們的吹號者／以生命所給與他的鼓舞／奔跑在隊伍的前面，吹響了「短促的，急迫的，激昂的」衝鋒號，激勵戰士殺向敵陣。這是號手輝煌的時刻，那聽上去比一切都美麗的聲音是勝利的號角。可「正當他由於一種不能閃避的啓示／任情地吐出勝利的祝禱的時候，／他被一顆旋轉過他的心胸的子彈打中了！／他寂然地倒下去」，「倒在那直到最後一刻／都深深地愛著的土地上」。在某種意義上，這是一種悲劇的誕生。號兵的英勇是值得歌頌的，他的死是壯烈的，是可以上升到爲民族、國家、人民的利益而犧牲的高度的，但詩人卻又寫到了他的「寂然」，寫到了「沒有一個人曾看見他倒下去」的無聞，來於塵土，復歸於塵土，與他心愛的土地融爲一體。這裏我們看到了一種個人性的悲劇。

寫於《吹號者》之後的敍事長詩《他死在第二次》，被認爲是前者的姊妹篇。詩人繼續著「死」的話題，他虛構了一個曾經身負重傷的士兵，在傷癒後重返前線，最終戰死的敍述線索。但敍事只是個依託，作者的重點在於揭示這個農民出生的戰士，「他」在受傷後和養傷期間的心理世界。在被戰友抬下來後，「他」醒了，發現自己還活著，躺在醫院的病床上，「他」的心理活動便圍繞著生與死的問題展開了。「在我們這裏／沒有誰的痛苦／會比誰少些的／大家都以僅有的生命」用來抵擋敵人的進攻，負傷躺下了，「人們說這是我們的光榮／我們卻不要這樣啊」，像被捆綁了的野獸在鐵床上呻吟著，痛苦著、期待著。由醫院的女護士纖細的、輕巧的手指，想到「我們不會有這樣的妻子」，拿自己的手與她的手比，發現自己的手「曾經拿過鋤頭又舉過槍的手」，是一隻因為「勞作磨成笨拙而又粗糙的手」，「看著自己的手也看著她的手／想著又苦惱著，／苦惱著又想著」。人的生命只有一次，它的寶貴是自不待言的，戰士的生死在戰場上也就是轉瞬之間的事，負過一次重傷，就相當於死過一次，死過一次的人，想法自然會與眾不同，「他」在與女護士的手對比中，發現了生命的存在的差異。「一個兵士必須在戰爭中受傷／傷好了必須再去參加戰爭」，想到這裏的時候，「他」的步伐也變得不自然了，「他的臉色也很難看」，臉上是「一片痛苦」。戰士的心裏是矛盾的，痛苦的，當他走向田野，看見忙碌的農夫，臉上就會洋溢著笑容，那是農民對於土地的情感，那是一種眷戀的表達；當他看到「一個殘廢了的兵士／他的心突然被一種感覺所驚醒」，殘廢之軀帶給他的是強烈的焦慮，那是非常殘酷的，是無法面對卻又很容易發生的。與其如此，不如「讓我們在戰爭中愉快地死去／卻不要讓我們只剩下了一條腿回來／哭泣在眾人的面前／伸著污穢的饑餓的手／求乞同情的施捨啊！」想像到傷殘後的慘狀，眾人眼裏的光榮竟是那樣的慘白。恐懼是人的本能反應，對一個士兵來說，殘廢帶來的恐懼遠勝於戰鬥中的死去。詩人對戰士心理活動的捕捉，將一個真實的血肉豐滿的形象立在了讀者面前，讓讀者真切地感到一個普通人在戰爭中的悲觀心理。「他」與戰爭發生了關係，「他」想的最多的是戰爭留給他的心理感受，這種心理的基礎是普通人而不是英雄。傷癒後的戰士重新走上戰場，「在燃燒著的子彈／第二次——也是最後一次」穿過他的身體的時候，他的生命結束了。「他死在第二次」，因爲有了第一次的思考而顯得更加悲壯，詩人的抒情也透著一種悲觀的色調：「在那夾著春草的泥土／覆蓋了他的屍體之後／他所遺留給世界的／是無數的星布在荒原上的／可憐的土堆中的一個／在那些土堆上／人們是從來不標出死者的名字的／——即使標出了／又有什麼用呢？」結尾的反問是詩人自己的，個體生命的價值究竟應該如何體現，詩人也是困惑的。

抗戰時期的文學作品相當多的是表現勇敢、樂觀、不怕犧牲的精神風貌。「一切爲了抗戰」，「抗戰高於一切」，是那個時代對每個中國人提出的要求，在關係到民族生死存亡的大局面前，個人的生死榮辱又算得了什麼。國家需要英雄，需要犧牲；人們崇拜英雄，漠視犧牲；文學作品歌頌英雄也就在情理之中了。艾青的《他死在第二次》與當時文學的整體氛圍是不太協調的，主人公的心理現實與英雄的崇高感出入甚多。寫了戰士的焦慮、恐懼，寫了「他」慘黃的臉色，也寫了「他」對生活的留戀，這怎麼能是我們的英雄呢？更何況作者還表達了一種悲觀情調。這首詩說起來是有點不合時宜，詩人爲此招致了嚴厲的批評。最有代表性的是呂熒，他在長文《人的花朵——艾青與田間合論》中，對艾青的詩作進行的批評是非常有針對性的，現摘錄如下：

《他死在第二次》的「他」是一個兵士，而我們在他的情感與生命裏，幾乎看不見一點兵士的痕跡；「他」在實質上是一個詩化了的知識份子的情感與生命的化身。這樣，「他」——一個長著「拿過鋤頭又舉過槍的手，為勞作磨得笨拙而又粗糙的手」的兵士，當他受了傷，躺在醫院的病床上，他並不想起他的親人，他的營伍的兄弟，他的兵士生活；卻「想著又苦惱著」，「苦惱著又想著」：自己的手與女護士的「纖細潔白的手」「究竟有什麼緣分」，「這兩種手竟也被擱在一起」。接著，當他的創口癒合又要重上前線的時候，他所感覺到的「一瞥」與「一念」，完全是通過知識份子的感覺方法和過程而產生出來的。可是事實上，一個兵士所想的女人與戰爭，比這更粗野的多也更質樸的多；而一個從中國的古老、汙暗、貧苦的農村裏走出來，經歷著這樣偉大的戰爭的兵士，以他的純樸的生命遭遇如此悲壯的血的現實，他的感觸一定更真實，也更深刻。在《他死在第二次》裏，詩人把「他」的人的生命與社會的生活完全隔絕了，詩人寫道：「他不能想起什麼了——母親死了，又沒有他曾親昵過的女人，一切都這麼簡單。」於是，詩人把「他」的生命局限在感觸與憧憬的世界裏，而詩人把他自己的歌聲寄附在他的身上。

但是，由於人物缺乏諸本質的生活面與感情面的體現，「他」的形象沒有具現在讀者的面前，他的生活的氣息是那麼淡薄，幾乎像是一個飄浮在雲霧中的人物。他的歌聲失去了感動人的生命與力量。⑫

顯然，在批評者看來，戰士應該有戰士的情懷，這種情懷應是積極樂觀的，是昂揚向上的，是很少關注個人生命的，更不應該有悲觀，有憂傷。從呂熒對艾青指責可看出，問題並不出在戰士的身上，而是出在詩人身上，是詩人把一種「自己的歌聲寄附在他的身上」。粗看起來，呂熒的批評不無道理，但細一琢磨，就會發現，他是用一種當時流行的文學觀念對作者提出要求。而艾青身上自由主義知識份子的氣質是很濃的，喜歡我行我素，不喜歡人云亦云，不喜歡隨流從眾，他把自己對於生活的獨特理解融入創作之中，這種做法不一定符合時代流行觀念的要求，但卻是本著自己內心的要求去做的，也因此而體現出他的創作個性。

在批評的聲音之外，還有支援艾青的聲音。孟辛在《論兩個詩人及詩的精神和形式》一文中對艾青詩歌創作中的表現提供了一份理解，他說：「艾青，就正是這樣一個詩人：他的詩的外表自然是極知識份子式的，但他的本質和力量卻建築在農村青年式的真摯，深沉，和愛的固執上，艾青的根是深深地植在土地上。我想，使艾青成爲詩人者，怕不是別的原因，而顯然是土地的受難，農村的不安，農民大眾的戰鬥與痛苦等的原因罷；不論他出自什麼階級，他的愛顯然是在農民大眾的，他的詩人的來歷顯然是和農村革命青年大致相同的。」⑬與艾青在山西臨汾民大一起任過教的端木蕻良，也撰文《詩的戰鬥歷程》，對艾青表示了支持。

艾青所表現的「生活的憂鬱」，是他對自己主體意識的堅守，是他對戰爭背景下個體生命的關注，是一種時代抒情中的個人抒情。他超越了政治層面的意義規約，更多地在人性深層探尋，這也是與主流話語產生分歧的重要原因。艾青對自己筆下的「憂鬱」有這樣的解釋：「叫一個生活在這年代的忠實的靈魂不憂鬱，這有如叫一個輾轉在泥色的夢裏的農夫不憂鬱，是一樣的屬於天真的一種奢望。」⑭他還在《爲了勝利——三年來創作的一個報告》中作了進一步的說明：「有些人爲我的詩裏的憂鬱辯護；而另外一些人則非難我的詩裏的憂鬱；更有的則在我的詩上加上『感傷主義』的注解（對於最後這種脂肪過剩的意見，我是要拒絕的）。我如何解釋我的憂鬱呢？這就是說，我如何能使自己完全不憂鬱呢？我所看見的東西真的就完全像你們所看見的那樣快意嗎？還是我非把任何東西都寫成快意不可呢？……還有一種比較更嚴重的意見，說我和民衆的接近不夠，另外的則說我的詩裏知識份子的氣味太濃……這些是事實，我願意領受這聰明的批判。」⑮從這些話中可以看出，他對評論界對他詩中「憂鬱」的批評是不以爲然的。在我看來，艾青的憂鬱緣於他對現實的深切地關注，緣於他對飽受苦難的土地的深情厚愛，它所體現的是詩人關懷現實的精神，有直面現實的勇氣，不僞飾，也不回避，他不願曲意去表現生活的「快意」，而是真實地表達自己發自心底的聲音。他反對「浮面的描寫，失去作者的主觀」，這種對主觀的強調恰恰是他對現實主義精神的堅持。

三、第一次婚變

當我們回眸中國現代文學史上那些耀眼的文學巨星的時候，就會發現有相當一些人的情感世界、婚姻家庭生活變數甚多，實際上構成了他們複雜多變的人生歷程的一部分。對於那些變數，我不想也沒有這種能力進行道德範疇的分析評價，可也無法回避對他們的愛情、婚姻、家庭諸方面的關涉，因爲「理想的事業」與「理想的家庭」是那個年代許多知識份子的夢想。婚姻、愛情、家庭也因此而與知識份子所投身的事業緊密地糾纏在一起，共同經歷變幻莫測的時代風雲的洗禮和檢驗，有的人能與妻子風雨同舟、相濡以沫、終身相守，有的人則根據自己情感世界的需要，不斷地調整著愛情、婚姻、家庭的座標。從這些不同的類型可見出他們之間性格的差異，也使他們作爲二十世紀的「文學形象」更具立體感。

一九三七年春夏之交的桂林，美麗中帶著傷感，灕江的煙雨澆在人們心頭的是焦灼、是迷離、是紛亂中的渴望、是孤獨中的期盼，世道不安，人心自然難得安穩，背井離鄉之苦，流離失所之痛，國破家亡之哀，成爲聚集在這裏的知識份子的一份沉重的心靈負載，捷克作家昆德拉所說的「生命中不能承受之輕」的「輕」，實際上是一種看不見摸不著又無以言表的「重」。

艾青到桂林不久，張竹如又懷孕了，這無疑給艾青帶來極大的心理壓力。生活漂泊無依，朝不保夕，還要經常躲避日軍飛機的轟炸，生死懸於一線，自己活命已屬不易，哪有能力添丁加口？更何況遠離親人，生活中沒有可靠的幫手，使得亂世中生兒育女之事變得異常艱難。基於這樣的考慮，艾青夫婦覺得還是回金華去生產比較好，剛好詩人番草的太太向荃也要回浙江，於是張竹如與之結伴同行，帶著「七月」回了老家。這在當時可能是最好的選擇，一來回家生孩子多了安全和照應，二來又可減輕經濟負擔，使艾青得以騰出更多的精力和時間從事創作。夫妻雙方打算待孩子平安生產稍加養息後再行團聚，殊不知時世難料，這次別離竟使得他們家庭解體，夫妻恩愛盡失，各自東西。

張竹如帶著孩子從桂林到金華，一路的艱辛是可以料想的。而艾青在妻子女兒走後，生活變得簡單了許多，卻也少了一些生氣，孤獨和寂寞成了對情感世界空虛的襲擾，渴望溫情、渴望撫慰、渴望傾訴的對象。對這種潛在力量影響的可能的結果，張竹如不可能想到，就連當事人艾青恐怕也沒想到。在妻子剛走後，艾青集中精力進行詩歌創作，成果頗豐，《吹號者》、《他死在第二次》等重要的詩篇就出自這個時期。同時，他還積極參加文藝界組織的各種抗敵活動。然而，在夜深人靜的時候，空虛便漫上心頭，在寂寞難耐中打發著無邊的黑夜，對妻女的思念變成遙遠的懷想，並不能解決現實的危機。也就在這時，艾青認識了高灝。高灝是桂林文化界才貌雙全的女記者，有人說她漂亮，有人說她具有古典美，總之是出類拔萃的。她當時在《救亡日報》做記者，二十二歲，因分屬文化版，故與文化界人士接觸較多，又因她的出色，而成爲文化界的一個亮點，一時間追逐者甚眾。據說寫過《中國的西北角》的著名記者范長江就在其中。又據陽太陽回憶，高灝是那種「林黛玉式」的美人，對待愛情的態度非常嚴謹，是一個性情很好又很認真的人。艾青認識高灝是在一次詩歌朗誦會上，因他在當時的詩壇已聲名顯赫，所以各種朗誦會經常會選取他的作品。事有湊巧，那次艾青走進會場時，高灝正在朗誦《雪落在中國的土地上》，甜美的聲音中帶著些許哀怨，深深地打動了在座的每一人的心，人們沉浸在詩意的氛圍中。艾青爲高灝的美貌和氣質所吸引，兩人結識後，便開始頻繁地造訪高灝，有時一天數次光顧《救亡日報》，報社編輯也感到納悶：艾青如此殷勤爲哪般？很快他們發現，艾青愛上了高灝，並正在發動追求的攻勢。大概高灝對艾青是懷有好感的，她沒有拒絕艾青充滿愛意的一次次「造訪」，他們還一起看電影，一起聽音樂會，一起到郊外的林中散步。他們不但交換對現實問題的看法，有時還把自己的家庭情況告訴對方，這說明，他們之間是有信任感的。高灝也是父親亡故，和妹妹高汾帶著母親逃亡到桂林來的，淪落天涯，內心自有一份淒苦，她同樣感到孤獨無助，同樣渴望溫情的撫慰，同樣需要心靈的傾訴。艾青是名詩人，自然會贏得年輕人的崇敬，引起異性注目也在情理之中，再加上他的詩歌中浸透的苦難意識對苦難時代的人們格外具有震撼力，它喚起的是人們心靈深處的情感共鳴，這恐怕也是高灝與他交往的重要原因。一個有婦之夫狂熱地追求一個年輕美貌的女子，是很容易引起人們非議的，閒言碎語，蜚短流長，這對雙方都是個壓力。高灝首先退縮，減少與艾青接觸的次數，還托艾青的朋友轉達了她委婉的拒絕。

艾青對高灝的愛戀是認真的，也是狂熱的，他寫信給遠在金華老家等待分娩的妻子，提出要與她離婚。張竹如接到信後心急如焚，拖著臃腫的身子，冒著路途生產的危險，千里迢迢，奔返桂林，爲的就是挽救家庭、挽救婚姻。對於自己的這種行爲，艾青晚年曾有所談及，他說「她文化程度高小水準，人很老實，但我們之間沒有多少共同語言。」在艾青看來，他與張竹如之間是缺乏真正的愛情的，他追求高灝就是在追求真正的愛情。艾青的性情是比較浪漫的，他不願意壓抑自己，那種自由的表達也就少了理性思考的制約，不顧忌他人的看法，也不顧及他人的感受，這使得他在一些問題的處理上具有個人中心主義的色彩。

遭到高灝的拒絕，艾青灰暗的心情是可想而知的，孤獨空虛的心境下已沒有了創作的激情和欲望，一度整日借酒澆愁，在與朋友的閒談中淡化失戀的痛苦。然而一波未平，一波又起，上帝在關上門的同時，又給艾青開了一扇窗。就在他心灰意冷的時候，另一個女孩子闖進了他的生活，並對他的人生產生了極其重要的影響，她就是韋熒。韋熒是艾青在常州女子師範教書時的學生，對於她爲什麼突然出現在桂林、突然出現在艾青的生活裏，她是這樣解釋的：「我是一九三九年六月從武漢坐車到桂林的。當時我曾待過的抗日演劇九隊已在桂林。此次前去，一是爲重新回到隊裏，再就是找艾青。他是我學生時代崇拜的偶像，我初戀的對象。一年多以前，我曾在武漢匆匆見過他一面，後來因他赴桂失去了聯繫。我承認我是因爲愛情而去桂林的。」當艾青看到風塵僕僕的韋熒站他的面前時，他先是驚訝，後是驚喜，畢竟少女的情懷總是詩，兵荒馬亂中居然還有如此痴情地追尋，確是令人感動的。由於艾青在追求高灝時的全身心投入，使他在被拒後的情感世界一下子失去了重心，而韋熒適時地出現，爲他的情感世界提供了一個可以依靠的對象，這在一定程度上塡補了他心靈的空虛，替補者價値的最大化就表現在被迅速地接納。「見我來，艾青很快向我求愛了。不久，兩人同居，張竹如聞知後，從金華趕回，與艾青大吵大鬧，於是，我搬回中山路的演劇九隊宿舍，艾青在七星岩附近的桂花村租到一間房子，要我過去住。艾青總是早晨在我住地外喚我，天天如此，結果九隊的人就開玩笑說：『瞧，老黃牛又叫了！』張竹如、艾青、我三個人相持不下，這樣下去不是辦法。這時，九隊正好要到南寧演出，我決定跟隊裡走，至少也可以擺脫痛苦。一天，九隊剛剛準備出發，艾青突然氣急敗壞地跑來，爬上汽車就朝下面扔我的行李，隊長桑楚攔都攔不住他。當時汽車停在熱鬧的中山路上，來往的人很多，我怕別人看了笑話，就跟艾青回去了。回去後，艾青即半條腿跪在地上，據說這種求婚方式是法國式的，我答應了他。兩人到一家照相館照了張相，算是結婚的紀念——我剛剛十七歲……」這是韋熒在一九九六年北京家中的一次談話中的內容，時隔半個多世紀，許多事情只能是滄桑看雲，兩個當事人早就分道揚鑣，這中間的是非恩怨旁人是難知其詳的。對於同一件事情的敍述，也會出現差異，尤其是男女之間的感情糾葛，是人世間最複雜的，也是最說不清楚的。

艾青對於他和韋熒在桂林確立關係，也曾對人說起過，但與韋熒的說法是存在出入的。他說：「韋熒是在聽說高灝拒絕了我、張竹如已回金華，而我又陷入失戀的情況下專程來桂林的。我並不愛韋，但在單相思受挫的情況下又不好拒絕她。在桂林我只對高灝是主動的，對其他人就被動了。韋一來，就要住到我這兒，我是被繳了械的。」「她是與她母親一起逃難到桂林來的，主要是找我。」歲月無情，誰被動、誰主動在今天講起來已毫無意義，時間的淘洗讓他們後來不得不以悲劇的結局終止他們的婚姻，這裏面感情的厚度是不難丈量的。從一九三九年到一九五五年，共同生活的時間不算長也不算短，兩人養育了兩兒兩女；從國統區到解放區再到一個新的政權的成立，這之中有一種不變的追隨，艾青也承認韋熒是愛他的，但這並不說明感情是不變質的。

在這次變故中，張竹如是最被動的，也是最無辜的，她除了找艾青吵鬧以外，不可能再有別的挽救辦法。人們向來是同情弱者的，在艾、張婚變的過程中，張竹如的處境讓許多人心生同情，這其中包括艾青的朋友，對艾青所作所爲的譴責也是少不了的，顯然他是失了道義支持的。張竹如是一個比較傳統的女性，父母之命，媒妁之言，在她看來這是一個不可能有什麼變化的婚姻，更何況兩家還是親戚，她做夢也沒懷疑過自己婚姻的穩定性，可是當她被無情地拋棄時，她發現丈夫的心變了，無論她怎樣規勸、怎樣哀求都不能打動那顆已經冰冷了的心，一切變得無可挽回。一個弱女子，在遠離親人的地方，獨自忍受屈辱與傷害，內心的悲涼、無助、無奈不是幾句話能表達得了的。艾青本打算將韋熒送到衡陽，自己已受聘到湖南新寧鄉村師範擔任教師，讓張竹如隨後與陽太陽夫婦一起到新寧去，結果衡陽沒有去成，與韋熒直接到了新寧。艾青從桂林出來是想擺脫尷尬的處境，可新寧的處境依然尷尬，在張竹如到達後，面對兩個「夫人」，如何處理好他們之間的關係，艾青的心情是無法坦然的。張竹如在後來回憶說：「我比他們晚一天，與陽太陽以及他的夫人一起去新寧。走在半路上，我就生產了，多虧陽太陽夫人照料。生下男孩的第二天又起身到新寧。大約在那兒待了一個多月，我借了路費，把孩子留下就走了……」⑯張竹如看到一切已成定局，在情緒稍微穩定後，她選擇了離去，她說：「我是有志氣的。我沒有回到艾青家，儘管他的父母對我很好，也希望我回去，我還是走了自己的路。」⑰她把繈褓中的兒子留給了艾青，自己帶著「七月」回了老家，其性格之堅強由此可見。後來，女兒「七月」不幸夭折，留給艾青的兒子也因缺少精心呵護而夭折。艾青與張竹如之間的聯結即告徹底中斷，據說兩人至死都未再見一面。這是一曲理想主義者的悲歌，也許艾青在一個間隙爲自己預設了一種理想的男女愛情與婚姻，但它存在於現實之外。

四、「沉默的蜘蛛」

艾青寫於一九三九年秋冬季節的散文《蟲》，是一組頗有意味的文章。它包括《蛔蟲》、《蜘蛛》、《蚯蚓》、《蜜蜂》和《白蟻》。作者所描寫的都是些細小的生物，對於它們給人們帶來的心理感覺是不一樣的，但作爲作者的書寫對象，已被賦予了主觀的意圖，或者叫主體意識的投射，或隱或現，總是有的。

周作人在返回書齋後，寫下了一系列描寫草木蟲魚的小品文，可無論怎麼疏解，怎麼超脫，讀者還是品出了深藏其中的「苦澀」。不同的人有不同的人生感受，也有著不同的表達方式，況且有些東西是可以直說的，有些則是含蓄的心跡，只能用曲筆的方式來表達。艾青剛經歷了一場家庭變故，其中的誰是誰非，當事人是最清楚的，但不管是哪一方的原因造成的，艾青都承擔著一定的道德風險。見異思遷，喜新厭舊，輿論是帶有傾向性的，人們將道德判斷後的同情心給了當事人中的弱者，艾青的處境是很被動的。我們中國人歷來在婚姻上面是很執著的，每當男女舉行婚禮的時候，道喜者總會有「百年好合」、「白頭偕老」之類祝願的話，還有「十年修得同船渡，百年修得共枕眠」之類的詩意概括，這表達了人們在婚姻上的一個基本意願：希望能相濡以沫，恩愛永遠。傳統的家庭模式中，夫妻的分工是很明確的，男主外，女主內，丈夫在事業上向外發展，妻子在家相夫教子，這在過去被認爲是最理想的家庭模式。艾青也是在「五四」思潮影響下成長起來的知識份子，又接受了西方思想文化的薰陶，特別看重對自我的個體價值的確認，在男女關係的處理上，也將情與愛放在突出的位置，他絕不會因爲婚姻關係的束縛而扭曲自己的情感世界。在這一方面，他還是一個理想主義者，這從他對自己幾次婚姻的解構中可以看出。然而，世界上最複雜的關係也是男女之間的關係，在婚姻中的男女若想輕鬆愉快地化解婚姻關係也非易事，帶來的折磨是雙方都要承受的。錢鍾書先生在其著名小說《圍城》中，對婚姻作了非常形象化的注解，婚姻給主人公方鴻漸帶來的人生困境，使其心力疲憊，失掉自主。從艾青寫於湖南新寧時的文字，可以看出他的心境是很壓抑的。

短文《蛔蟲》作者由自己生病寫起，發現了蛔蟲在自己身體裏的寄伏，由此而生出深深的厭惡：「我終於陷進莫深的厭惡裏了：當我一想到我無論吃了什麼富有營養的東西而臉色仍舊是蒼黃，當我看見它們在吸盡了我的營養之後，在我的身體不能再養活它又終於被便出在擁擠著糞蛆的糞坑裏的時候，我突然由它而遙遠地聯想起一些事，我的心強烈地燃燒著對於這寄生蟲的憎恨。」⑱艾青是一個詩人，可在這裏我們看不到他對生活的詩意的想像，對於自身的關注，使他發現了自己作爲一個生命體負載著另一個生命體後產生的無意義感，自己生命的活力被潛在的力量所控制，這是他不能容忍的。可除了「憎恨」又能怎麼樣呢？人生中的有些事是很無奈的。

相比之下，《蜘蛛》則更有人生自況的味道。想當初，讀現代作家許地山的小說《綴網勞蛛》，就讀出了其中對於人生命運的感受：「我像蜘蛛，命運就是我的網。」在作者眼裏，人生歷程就像蜘蛛結網補網，或完或缺，只能聽其自然。這裏有一種很深的宗教情懷，宿命色彩。艾青也寫到蜘蛛的織網，情形如下：

當那些下雨的日子，蜘蛛就在我們所不注意的時候織起了網。
那網是從這邊的一根柱子作為起點，一直伸張到屋簷去的。他在那從陰暗的屋簷到明亮的天空之間張開著。
那永遠沉默的蜘蛛，安眠在網的中心。

從早上到黃昏，無數的飛蟲，蛾類，想從陰暗飛向明亮去的，都在觸到那網的時候，被俘虜了。

那些小蟲，無援助地掙扎著，掙扎著，終於寂然不動了。網上就黏滿了無數小蟲的屍體。」⑲

艾青筆下的「蜘蛛」也在竭力地織網，這個網不僅網住了別的生命，也網住了自己的生命，在某種意義上，掙扎的不只是那些急於逃脫的小生命，還有織網者自己。而將自己罩在網內的恰恰也是織網者自己，這可能就是一種無法擺脫的宿命。「沉默的蜘蛛」，無言而忙碌，在織好網後，靜靜地伏在網的中心，等待一些小生命的自投羅網，等待一覺醒來享受抓獲俘虜的快感和飽餐美味的幸福。可天地卻被固定在自己織就的一網之內。由這篇短文可以感受到，艾青的心靈世界是寂寞的，雖然與韋熒組成了新的家庭，可她的年齡太小了，無法適應突然到來的家庭生活狀態，畢竟她剛滿十七歲，不可能領會生活的複雜性，理想與現實在她面前的差距是巨大的，充滿幻想的年齡對人生有更高的追求，絕不是終日操持家務，更何況她是一個知識女性，不會滿足於做一個家庭婦女。對於韋熒心理的變化，艾青是有所察覺的，也影響到了他的心情。《冬天的池沼》是一首可見心境的詩，作於一九四〇年一月十一日。在詩人眼裏，「冬天的池沼，／寂寞得像老人的心」，並且用「枯乾得像老人的眼」、

「荒蕪得像老人的髮」、「陰鬱得像一個悲哀的老人」來形容「冬天的池沼」。字裏行間儼然一副蒼老的心態，哪像剛剛有新人做伴的樣子。稍後寫的《樹》也頗可玩味，我覺得其中蘊涵了艾青的一種矛盾的心情。一方面是樹與樹「彼此孤立地兀立著／風與空氣／告訴著它們的距離」，一方面又指出，在泥土的覆蓋下，「在看不見的深處／它們把根鬚糾纏在一起」。這是否可以視爲詩人用另一種方式寫出了自己生活的現實和對生活的理想？

這種矛盾的心情還表現在《蚯蚓》中：

院子裏的蚯蚓一到冬天就都蟄伏在泥土裏，不翻土了。他們以安定的信心，等待明年的溫暖。

不知是誰在院子裏倒了一點石灰，石灰經了一次雪，被融解而且沖浸到泥土裏去，於是泥土溫暖了。

蚯蚓都從睡眠中醒來——以為春天已來了，它們開始了它們的忠實的工作——翻土。

但石灰是含有鹼性的，蚯蚓一接觸到它，就被殺死了。

現在，在那灰白色的石灰水裏像一些短帶子似的沉在水底的，就是蚯蚓的可憐的屍體。⑳

「翻土」是蚯蚓的本職工作，它也只忠實於這項工作，它們隨著季節的變換，或辛勤工作，或休養生息，非常本分，並不會對誰構成威脅，可災難還是會降臨到它們身上，人爲的欺騙使它們付出了生命的代價。「石灰」代表了一種命運的無常，一種無法把握的力量。和「蚯蚓」一樣，詩人也只是想做好自己的事，專心致志地從事文學創作，並不想妨礙誰，招惹誰。在詩人看來，這顯得有點一相情願，難以琢磨的命運會讓你如願嗎？那種看起來很是偶然的因素，就足可改變你的命運，就如同「石灰」對於「蚯蚓」一樣。知識份子又何嘗不是如此，在劇烈的社會潮汐的顛蕩中，有著太多的不可知的危險，哪又有真正的救命稻草？二十世紀的中國知識份子命運不能自主的無奈感是空前的。

《蜜蜂》也是一篇思考生命狀態短文，其中的寓意是不難發現的。蜜蜂專注於採擷花粉，心無旁鶩，這種狀態原本是自在的，可人的臨在，使它們感到了一種威脅，那種自在的氛圍被破壞了，它們開始分心了。在這種情況下，它們的反應是激烈的：

忽然一隻蜜蜂飛到那人的臉上，他被這意外所驚慌了，幾乎是下意識地用手去拍它——接著他驚叫了一聲，被刺了。

蜜蜂的刺留在那個人的臉上了。

每隻蜜蜂都有一根刺——這是它們用來保衛生命唯一的刺，用來防禦生命第一次蒙受侵害的武器；像那些只有一根箭的射手或是只有一顆子彈的哨兵一樣，蜂的刺一失了，蜂的生命也完了。

因為沒有刺的蜜蜂很快就要死了。㉑

與「蚯蚓」一樣，「蜜蜂」的生命也是同樣細小的，在沒有受到外界干擾之前，它們是不會主動去攻擊他者的，只是在它們判斷自己的處境受到威脅、生命受到侵害的時候，才做出攻擊的選擇。儘管這種選擇是悲劇性的，但它們不得不這麼做，生命是有尊嚴的，那唯一的一根「刺」，就是它們在迫不得已的時候捍衛尊嚴的利器，它們明知道「刺」出去是要付出生命的代價，可如果失去尊嚴，生命又有什麼意義？

有時，希望與失望是同時存在的，詩人感到，當你爲現實的獲得滿懷希望的時候，會有一種不可知的力量將你希望的內容抽去，於是，希望變成了失望。《白蟻》就是這樣一篇抒發人生感受的短文：「我」因爲搬了新房子而高興，這房子「前面的窗子可以看見高山，後面的窗子可以看見竹林」，住在這樣能夠欣賞景致的房子中，自然可以享受一分難得的寧靜與幽雅，心情的舒暢是可想而知的。但這種美好的心情是短暫的，首先，他發現「樓梯被取去了」，令他深感可惜；接著，在他從房東那兒借了梯子，懷著興奮的心情爬上樓去時，他「失望了」，他非常驚訝地發現：「這層樓的木已完全被白蟻蛀成空洞了」。人走在樓板上，「樓板就會發出一種細微而可怕的聲響」，而且感到腳往下沉。顯然，在此情形下要想守住一份充滿希望的心情已是不可能的。

也許，這是作者幾篇不經意的短文，也很容易被人們所忽略，可它卻是一個時期詩人心境的別一種形式的寫照。那些形態各異、各具生命能力的細小的「蟲」，給了詩人關於生命的價值、生與死、希望與失望等問題思考的啓示。在短小的文字中，隱含著詩人三十年間的人生感受，人生無常，命運難料，無奈、無助、甚至於無望的心緒纏繞於筆端。

五、鄉村情結

「鄉村」在中國知識份子的情感世界裏是一個複雜的概念，一方面用現代理念審視「鄉村」的傳統積澱，批判是少不了的，落後、愚昧、封閉、保守，從文化心理的角度進行剖析；另一方面，「鄉村」又是一種難以割捨的情感牽掛，無聲無息地沉澱在心靈的某個角落，會在某個時間以某種方式表現出來。中國知識份子絕大部分來源於鄉村，鄉村文化背景是一種先在的鋪墊，即便後來他們走出鄉村，離鄉村越來越遠，也無法擺脫這一文化背景的尾隨，它潛藏在他們心靈的深處，形成了一種終生難以化解的「情結」。

在桂林時，艾青寫下了《鄉居》，較爲詳細地記述了在桂林郊外住宿生活的真實感受。「我搬到鄉間來了，住在一個農人家裏，我的隔壁是一個豬欄。」住在低矮的房間裏，看著陽光從屋頂的小孔射進來，竟也感到了時間的悠閒。房間裏充滿著豬欄的奇臭，可「我還很安謐，好像只有這樣，我才能更和生活抱得緊一點，我的情感也更顯得伏貼，像那些畜生之於土地一樣。」這裏沒有知識份子追求的雅趣，而粗俗的野景正是鄉居生活正態的顯現，艾青眼中所見，便有了一種生命的關懷，就連解手的糞坑裏擁擠著的糞蛆，也因「擁擠」而表現出一種生命的徵候。他由此而想到條件粗陋的村莊，原本只屬於世代在此居住的村民，而今「村民」人數驟增，這些人「來自如此不同的遙遠的地域，和如此不同的身份，戰爭把他們搗散了，卻又重新把他們匯集在一起。黃昏的時候，樹下坐著一些男女，他們的口音的繁雜所給我們的感覺真是何等怪異啊……」，這是怎樣的一幅圖景？不同的鄉村有不同的生活的歸屬者，它是自在的，不應該是現在這個樣子，各色人等「擁擠」到鄉村，「擁擠」不也是他們生命的自覺嗎？戰爭狀態下，人活著不易，生命的感覺可能從來沒有如此的清晰過，敏感過，詩人住在鄉村，田野的風，山村的景，使他的心靈比任何地方任何時候更「安然」。鄉村生活的實在感，又一次強化了他對於土地的情感，擁抱生活，是在鄉村安謐的土地上實現的。

飄來蕩去的生活與身陷感情的漩渦，使艾青感到了前所未有的疲倦。從桂林到湖南新寧，他的生活狀態一波三折，有失意、有痛苦、有驚喜、有無奈，在張竹如離去後，家庭生活新人換舊人，經過一番折騰，艾青已是心力交瘁，他多麼渴望能有一份寧靜的生活，沒有蜚短流長，沒有道德評判，只有心靈的安穩與自在。而新寧衡山鄉村師範學校教書的這段時間，剛好暗合了他的這種心理期待，擺脫家庭危機之後的心理疲憊，也因此而得到了調養。沒有了桂林時的轟炸，戰爭在視線中淡遠了；遠離文化界，少了許多熱鬧，置身事外倒也落得一份清靜。但他對於鄉村的情感仍然是複雜的，這表現在他這一時期的詩作中。

艾青對於鄉村的情感，在《秋晨》一詩中曾有過這樣的表達：「中國的鄉村／雖然到處都一樣貧窮、污穢、灰暗／但到處都一樣的使我留戀」。鄉村是土地的具象，俗話說，母不嫌子醜，子不嫌母貧，以此概括艾青與土地的情感是比較恰切的。《低窪地》抒寫林間「低窪地」的美，「幽暗而靜寂豐富而深邃野蠻而神秘」，秋天早晨的陽光透過高大的樹林的枝葉碎片般散落在草地上，草地上吃草的馬是幸福的，「而當我在草地上走著時坐著時凝思著時」可聞到剛鋸開的樹木散發出的香氣，「我」也是愜意的。「低窪地」的美，「低窪地」的迷惑，「低窪地」的和諧，使「我在沉思著感激著終於深情地唱出了土地之歌」。《牝牛》詩意源於詩人對鄉村生活的仔細觀察，牝牛對牛犢細心呵護，「仁慈的潤濕的眼／沉默地看著牛犢；／又伸出紅舌頭／舔撫著它的臉頰」，舔犢之情，令人感動。詩人的感動，恐怕是觸景生情，別一種類型的「母子圖」，那份深情，那份親密，勾起了他對自己身世的記憶。《水牛》則是對一種「鄉村勞動力」由外而內的抒寫，「灰色的皮毛／乾硬而無光，／弧形的角／堅冷如凝霜：／滿身沾結著／池沼地帶的泥濘」，這是一種爲生活所累的外在的形象，它作爲詩人的抒情對象，被賦予了艾青式的憂鬱，「巨大的眼睛含著陰鬱／望著田野的廣闊與荒涼」，無聲地背負著生活的沉重，面對過度辛勞的命運它只能歎氣。這已然不是在寫牛，而是中國農民的一種人生概括，詩人沉鬱的情感中寄託了他對農民悲苦命運的關切。

有一首詩是特別要提的，那就是《浮橋》。之所以加以強調，是因爲「浮橋」在我看來是詩人內心情感歸屬的一種隱喻。「浮橋搭在鄉村和城市之間」，一頭的城市，「以水門汀和鋼骨／建築成的連雲的堡壘／強烈地排列著／守衛著：貪欲，淫逸，荒唐／又以金色的夢／和磷光的幻想／吸引了萬人／向他呈獻了勞動的血汗」；另一頭的鄉村，「站立在被風雨飄淋的原野上／那些頹廢的牆堵／像窮人們的破衣／襤褸得失去了溫暖／而那些屋簷／也被柴煙熏灼得／像窮人們的眼睛一樣／儲滿了陰鬱與困厄啊」。浮橋的兩頭，一頭是財富，一頭是貧窮。城市在傲慢地喧騰著它的力量，而鄉村已像衰頹的老人，外表灰白而無光，冬季的田野使鄉村顯得更加荒涼，「向蒼穹披露著悲哀」。詩人彷彿站在浮橋的中間，橋連接的兩邊的世界形成了鮮明的對比，他用批判的眼光看著城市，他用憂鬱的眼光看著鄉村，他批判城市的「貪欲，淫逸，荒唐」，他也悲哀於鄉村的荒涼。實際上，艾青的心理始終是矛盾的，走出鄉村世界奔向城市，那是因爲城市代表著現代文明，代表著社會的進步與解放，而鄉村則意味著封閉、落後、愚昧，可當他接受了城市文明的洗禮之後，他卻發現了城市文明浮象之下掩藏著的罪惡，而鄉村所披露的悲哀，正是詩人對於鄉村情感的表達，這裏面含有沉痛的愛意。

提到鄉村，離不開農民，提到農民，離不開土地，在艾青的詩中，對因城市化造成的農民喪失土地的現實深感憂慮。他在《街》中這樣寫道：「街原來也是路——／原來也是荒僻的／而且也是伸長在原野上的／甚至也是傾斜在山坡上的」。但「原來」屬於原野的世界，已被無厭止地擴大著的城市佔據了。《我們的田地》同樣表達了對於失去土地的惶惑和憂慮：「從什麼時候起的，／我們愛這田地？」肥沃的田地，哺育了我們的生命，春播秋收，夏育冬養，它帶給我們喜悅，讓我們心存感激，「我們靠著它，／換得了一家的飽暖，／度過了嚴寒的冬天」，我們還有什麼理由不愛「這豐饒而美麗的田地呢」？詩人把失去土地的罪責歸咎於戰爭，歸咎於入侵的敵人，他們是「無賴的暴徒」，他們想憑著強悍「來搶奪我們的田地」，但是「如果我們失去了它，／我們怎能生活呢？」憂心忡忡，溢於言表。在《農夫》中，詩人將目光直接對準了鄉村世界的主人——農民，把農民與土地之間不可分離的密切關係作爲抒情的重點。他們已與土地融爲一體，臉是土地的顏色，身上散發著土地的氣息，手像木椿一樣粗拙，兩腳踏在土地裏像樹根一樣難於移動。這樣的外在形象已然是土地的產品。

另外，他們陰鬱表情像土地，沉默不語也像土地，還有他們的「愚蠢，固執與不馴服」更像土地，他們「活著開墾土地，耕犁土地，/死了帶著痛苦埋在土地裏」，在詩人眼裏，也只有這樣的人，才能真正地愛著土地。艾青多次表明他自己是「農人的後裔」，因此他在詩中關注的中心始終是與土地合而爲一中國農村的普通農民的命運，在「土地——農民」的抒情視角的支配下，出現了一些土地、鄉村、曠野、道路和河流爲中心的意象。在這些意象中，滲透著詩人濃厚的苦難意識和憂鬱情懷，農民和土地的苦難，不僅是個人的，而是整個民族的；不僅是現實的承擔，而且這種苦難充滿了歷史意識，變成了艾青他們一代人的精神重負。

在艾青的詩歌中，「土地」是兩個主導語象之一（另一個是「太陽」）。可以這樣認爲，「鄉村」是一個聚合性的概念，它包括艾青筆下的「土地」和與土地連在一起的農民。他面對土地時總是憂鬱的。他的憂鬱的靈魂，緣於對多災多難的土地和生活在這塊土地上的農民的深情厚愛。因此，他對鄉村的情感總是複雜的。艾青曾寫過一首《獻給鄉村的詩》，帶有很強的自敍傳色彩，他描繪了上個世紀三四十年代江浙一帶的一個普通的「小小的鄉村」，這個鄉村就是艾青的故鄉。詩人想起了故鄉的風物人事，那「澄清的池沼」、「幽靜的果樹園」、「路邊的那些石井」、「附近的小溪」、「平坦的曠場」、「簡陋的房屋」，還想起了鄉村裏「最老的老人」、「重壓下的農夫」以及牧童們、童養媳們、佃戶們、雇農們、木匠們、石匠們、泥水匠們、屠夫們、鐵匠們、裁縫們等所有被窮困所折磨的人們。詩人想起了鄉村的美麗，也想起了貧困；想起了它的質樸淳厚，也想起了它的愚昧；想起了它的堅韌，也想起了它的艱難；想起了它的淡泊寧靜，也想起了它的封閉和齷齪。從一個小小的普通的鄉村之中，詩人發現了千千萬萬個中國鄉村的影子，農民身上沉重的歷史負擔，衰敗痛苦的生活，以及隱蔽在他們內心深處的對於復仇的心理期待。詩人在最後寫道：「我的詩獻給生長我的小小的鄉村——/卑微的，沒有人注意的小小的鄉村，/他像中國大地上的千百萬的鄉村。/它存在於我的心裏，像母親存在兒子心裏。/縱然明麗的風光和污穢的生活形成了對照，/而自然的恩惠也不曾彌補了居民的貧窮，/這是不合理的：它應該有它和自然一致的和諧；爲了反抗欺騙與壓榨，它將從沉睡中起來。」

上個世紀二三十年代曾有過知識份子的精神還鄉，這也在一定程度上說明了中國知識份子與鄉村之間內在的情感聯結。在艾青身上就有一種知識份子的「農民氣質」。馮雪峰曾這樣評價艾青：「正是這樣的一個詩人：他的詩的外表自然是極知識份子式的，但他的本質和力量卻建築在農村青年式的真摯、深沉，和愛的固執上，艾青的根是深深地植在土地上。」「不論他出自什麼階級，他的愛顯然是在農民大眾的」。㉒這樣的概括是比較準確的，他透過了詩歌語言的表層而抓住了它的情感的內質。

六《詩論》與論詩

在桂林的一段時間裏，艾青開始了對於詩歌創作理論方面的思考，著手《詩論》的寫作。《詩論》是一個總題，包括《詩論》、《詩的散文美》、《詩與宣傳》、《詩與時代》、《詩人論》五個部分。從一九三九年到一九四〇年，艾青時斷時續地進行寫作，他在一九四〇年十一月六日寫於重慶的《後記》中這樣寫道：「我隨時思考著，隨時實驗著解釋，隨時記錄下來。」正是這些「隨時」的思考、解釋、記錄，表達了艾青對於詩歌本質的個性化見解。五個部分組成的《詩論》，雖然各部分探討的重點不同，但總有著內在的聯繫，可以看出詩人在美學追求上的一致性。

首先是關於詩美的論述。在艾青看來，詩美是建立在「真、善、美」的基礎之上的，他在《詩論》中明確指出：

真、善、美，是統一在先進人類共同意志裏的三種表現，詩必須是他們之間最好的聯繫。

我們的詩神是駕著純金的三輪馬車，在生活的曠野上馳騁的。

那三個輪子，閃射著同等的光芒，以同樣莊嚴的隆隆聲震響著的，就是真、善、美。㉓

對於三者之間的關係，艾青認為既有區別又有聯繫。「真是我們對於世界的認識，它給予我們對於未來世界的信賴」，「善是社會的功利性；善的批判以人民的利益爲準則」，「美是依附在先進人類向上的生活的外形」。他還認爲，「一首詩必須把真、善、美，如此和洽地融合在一起，如此自然地調協在一起」，真、善、美和諧地統一在一首詩裏，這樣的詩才真正地體現了詩美。

真、善、美的世界是人類不懈追求的理想，也許因爲這個世界充斥了太多的假、惡、醜的東西，欺騙、虛假、僞善、粉飾、醜陋等現象的存在，客觀上促使人們認識到真、善、美的可貴。可以這麼說，真、善、美建構起來的理想，是艾青詩歌創作的內在支撑。

真，既包括生活的真實，也包括藝術的真實。藝術源於生活，這就要求作者去認識生活，認識客觀世界，認識事物發展的規律。艾青認爲，詩人「必須瞭解生活的美，必須瞭解凡我們此刻所蒙受的一切的恥辱與不幸、迫害與困厄，即是我們詩的最真實的源泉。」「生活實踐是詩人在經驗世界裏的擴展，詩人必須在生活實踐裏汲取創作的源泉，把每個日子都活動在人世間的悲、喜、苦、樂、憎、愛、憂愁與憤懣裏，將全部的情感都在生活裏發酵，醞釀，才能從心的最深處，流出無比芬芳與濃烈的美酒。」㉔艾青在這裏所強調的，也正是生活的真實對於藝術真實的重要性，藝術的真實是建立在生活的真實的基礎之上的，不能在實踐中把握生活的真實，也就不可能創造出真實的藝術，其中的辨證關係是很清楚的。當然，作家在表現客觀世界真實的同時，必須還要表現主觀情感的真實，從而達到主客觀世界在真實基礎上的和諧統一，要真情，不要矯情；要實感，不要僞飾。他說：「人生有限，所以我們必須講真話。——在我們生活的時代裏，隨時用執拗的語言，提醒著：人類過的是怎樣的生活。」㉕艾青反復強調，「詩人必須說真話」，這是一個真正的詩人必備的品德。藝術的真實，並不是要求作家亦步亦趨地照搬生活，而是在忠於生活的基礎上，進行藝術的再創造，創造出高於生活的藝術作品，實現生活的真實與心靈的真實的高度統一。

善，是對人的一種道德要求，棄惡揚善，是整個社會的規約標準。艾青所說的「善是社會的功利性」，是指藝術作品在社會中所產生的積極影響。而要想達到這種目的，就必須注意詩歌的「宣傳」作用。在艾青看來，「任何藝術從根本上來說都是宣傳，並且藝術的社會價值也只有通過宣傳才能實現。他說：「創作的目的，是作者把自己的情感、意欲、思想凝固成爲形象，通過『發表』這一手段而傳達給讀者與觀眾，使讀者與觀眾被作者的情感、意欲、思想所感染、所影響、所支配。這種由感染、影響，而達到支配的那隱在作品裏的力量，就是宣傳的力量。」他接著說：「當詩人把他的作品提供給讀者，即是詩人把他的對於他所寫的事物的意見提供給讀者，他的目的也即是希望讀者對於他所提供的意見能引起共鳴。沒有一個詩人是單純爲發表作品而寫詩的，但他卻不能否認他是爲了發表意見而寫詩。」㉖詩人的個人價值轉化爲社會價值，「宣傳」是很重要的，通過「宣傳」而去感染人、教育人、鼓舞人，總之，能產生一種「善」的力量。他還強調了不要把「宣傳」單純地理解爲那些「情感之浮泛的刺激」，也不要理解爲是「政治概念之普遍的灌輸」，與這些比起來，藝術的宣傳作用「更深刻」、「更自然」、「更永久」。

美，是依附在先進人類向上的生活的外形，是真與善的外在表現。在艾青看來，詩人只有懂得了生活之美，才能創造出藝術之美，因此，「必須瞭解生活的美，必須瞭解凡我們此刻所蒙受的一切的恥辱與不幸、迫害與困厄，即是我們詩的最真實的源泉。」藝術表現生活的美，是以忠實於生活爲前提的。同時，詩美還表現在對詩人感情表達的要求上，「存在於詩裏的美，是通過詩人的情感所表達出來的、人類向上精神的一種閃爍。這種閃爍猶如飛濺在黑暗裏的一些火花；也猶如用鑿與斧打擊在岩石上所迸射的火花。」㉗詩歌的抒情性是最強的，它借助於感情激發出人們對某件事的歡喜與厭惡。艾青提倡的詩美，既包括詩歌應表現人們對於光明的嚮往與追求，也包括抒寫苦難的美，所以，在他的詩歌裏，即可以看到「向太陽」、「火把」等意象，又可以看到那種深沉的憂鬱和苦難意識，共同構成了他的獨具風格的詩美的範疇。

其次，是關於詩歌的內容與形式的關係。艾青在談到詩的內容和形式時，他說：「不要把形式看作絕對的東西。——它是依照變動的生活內容而變動的。」「詩人應該爲了內容而變換形式，像我們爲了氣候而變換服裝一樣。」㉘從某種意義上講，形式就是一種載體，它承載了生活的內容和作者的思想，沒有什麼東西是一成不變的，不斷變化著的生活自然也應該用不斷變化著的形式去表現。

「五四」以來的自由體新詩創作，到了艾青可以說取得了新的發展。詩的形式上追求的「絕端的自由，絕端的自主」的時代已經過去了，如何將自由體作爲一種新的詩體形式的生命力發揮出來，使之既有自己的獨特價值，又不是盲目地追求形式上的自由，這個問題成爲艾青思考的一個重點。對此，他提出了詩的「散文美」。這是他對詩歌形式上的美學要求，具體表現在詩的語言和體式上。

在語言上，艾青主張詩歌語言要口語化。他說：「深厚博大的思想，通過最淺顯的語言表演出來，才是最理想的詩。」而「最富於自然性的語言是口語。盡可能地用口語寫，盡可能地做到『深入淺出』。」㉙詩歌是藝術的語言，語言上的表現力，會影響到詩歌的整體水準。艾青認爲最有表現力的語言就是口語，並且認爲「口語是美的，它存在於人的日常生活裏。它富有人間味。它使我們感到無比的親切。」口語是樸素的，是日常的，是生活化的，也是最鮮活的，它離我們的生活最近，或者說，它是和生活融爲一體的。當然，這不是說任何口語皆能入詩，而是將生活中的口語加工提煉，按老舍的話說就是要「燒出白話的香味」來，將生活中口語精緻化，以之入詩，會體現出簡約、明朗、自然的風格。實際上，艾青主張詩歌語言的口語化，關鍵的原因還在於他認爲「口語是最散文的」。「散文的自由性，給文學的形象以表現的便利」。㉚由此觀之，口語能不能用來寫詩，要看它是否有利於表現形象，「最能表達形象的語言，就是詩的語言。」按照這樣的選擇標準，口語最能表達形象，所以口語成爲艾青提倡的「詩的語言」。口語表達是一種散文化的語言結構，有利於詩歌意象的表現。艾青對詩歌語言的論述，緣於他對詩歌創作的感受，既有對現實詩壇空洞的語言風格的回應，也有他自己創作實踐的真切感受。

再次，是關於「詩人」品質的認定。對於這一點，艾青專門寫了《詩人論》。他認爲，詩人要有向現實鬥爭的勇氣，要爲人民代言，在現實中要保持自我的覺醒，「詩人應該是自我覺醒的先驅，意志的無厭倦的歌手。」一個做了體制的「順奴」的人，是沒有資格成爲詩人的。「爲全體而鬥爭：個人只有不離叛全體時才發生了力量。」知識份子是一個社會良知的代表，承擔著社會的責任，如果放棄鬥爭的權力，也就意味著面對社會的醜惡時閉上了自己的眼睛，視而不見，聽而不聞，這樣的人，怎麼可能是社會的良知呢？艾青所提倡的是詩人的現實戰鬥精神，用什麼東西去戰鬥呢？他說「詩人的劍是語言——，能遣使語言，才能和敵人爭鬥;有了豐富的語言,才能戰勝敵人。」㉛從這個意義上講,「詩言志」所言的「志」就是詩人的鬥爭精神,將詩歌語言作爲向現實鬥爭的利器,就如同魯迅的雜文,像匕首和投槍,犀利地刺向現實的黑暗。「因爲詩人最勇於發言,他們常常成了自己所親近的人群的代言人。」這種發言應該是一種生命的感言,詩人要用熱情去點燃生命,生命借熱情來表現自己,「從生命感受了悲與喜、榮與辱,以至誠的話語報答生命。」或者說詩是一種生命的詮釋,是詩人用生命感受世界的結果。艾青還認爲,「詩人不僅應該是社會的鬥士,同時也必須是藝術的鬥士」,要「和惡俗鬥爭,和無意義的喧吵鬥爭,和同時代的壞的傾向、低級趣味、一切不健康的文字風格鬥爭……」。艾青眼裏詩人的標準是很高的,它是個性的,是有獨立精神品格的,是不依附於任何權勢階層的,是在抗爭中爭取一種自由的發言。

《詩論》所涉及的內容是豐富的,這裏所描述的只是其中的幾點。艾青的詩論有他的獨到之處,或可以看作是他對詩歌理論的理解,或可看作是他人生體驗與詩歌創作的經驗的總結,也可以看作是他心目中關於「詩」的理想,他的詩歌就實踐著他的這樣一種理想。

七、舉著「火把」尋找

《火把》作於一九四〇年五月一日至四日,是艾青創作的一首長篇敍事詩。關於這首詩的創作，他在《爲了勝利——三年來創作的一個報告》曾經談到：「今年五月初，我寫了《火把》，這可說是《向太陽》的姊妹篇。這是我有意識地採用口語的嘗試，企圖使自己對大眾化問題給以實踐的解釋。」從這簡短的幾句告白中，可以明確一點，《火把》這首詩裏體現了詩人一種新的美學追求。

表面上看，千行長詩《火把》的寫作只有四天，而實際上作者醞釀已久，「發意於一九三九年七月間，正是抗戰二周年紀念的時候，動筆卻在十個月之後——那是說它在我心裏已孕育了十個月。」㉜最早激發他詩意的是在桂林的一個夜晚，他看到一場聲勢浩大的群眾隊伍舉著火把在遊行，一束束火把匯成光的海洋，照亮了黑暗的夜空，舉著火把的人們群情激憤，喊著口號，表達著抗日救亡的決心。艾青從中看到了一種力量，而這種力量是最終可以戰勝黑暗的。這是引發他詩意來源的契機。十個月後的湖南新寧的一個夜晚，艾青出去散步，當他看到縣城的老百姓家家戶戶點著松明照明，松明匯成了一片火把的景象，煞是壯觀。艾青觸景生情，聯想到之前的火炬大遊行，激發出了他豐富的想像力，一首以敍事爲主要特徵的長詩就這樣形成了。

既然是敍事詩，所敘之「事」就是詩歌的線索。《火把》圍繞著李茵、唐尼和克明三位青年男女在遊行活動中的表現和他們的精神交流展開。全詩共有十八章組成，按照事件的進展可將詩意表達的層次分為五個單元。

第一章到第三章為第一個單元，李茵邀請唐尼去參加晚上舉行的火炬遊行，唐尼接受了邀請並一同前往。詩人通過唐尼的所見，展現了群眾遊行宏大的場面和熱烈的氣氛，還寫了唐尼和戀人克明在遊行聚會的地方相遇以及他們之間存在的矛盾。唐尼是這個單元描寫的重點，她是一位知識女性，她之所以去參加遊行，一方面是因為可以在那裏見到自己的戀人，另一方面是出於好奇心的驅使。她雖然有愛國心，但還沒有上升到超越個人情感需要的高度，她沉湎在個人情感的世界裏，敏感而脆弱。她的戀人克明卻是全身心地投入到了時代的洪流中，無暇顧及兒女之情，對唐尼談情說愛的要求顯得很不耐煩。

第四章到第九章為第二個單元，詩人集中描寫遊行前的群眾集會，集會上的精彩的演說，演說結束後隊伍的集中、出發，那成千上萬只火把匯成了勢不可擋的洪流，所到之處，黑夜褪去，光明降臨，這樣的景象是鼓舞人心的，是給人以力量的。「我們是火的隊伍／我們是光的隊伍」，「黑夜從這裏逃遁了／哭泣在遙遠的荒原」。在這裏，詩人突出了集體的力量，把幾個青年男女的活動暫時擱置，通過展示群眾性的力的匯聚，提供了一種現實的信心支援。

第十章到第十三章為第三個單元，詩人續寫發生在三個主要人物之間的故事。唐尼親身參加了這次火炬大遊行，有了不同於以往的感受：「當我看見那火把的洪流擺蕩的時候／的確曾想起了一種東西／看見了一種東西／一種完全新的東西／我所陌生的東西……」。加入時代的洪流，帶給唐尼的是激動，是振奮，是光明的前景，是一種全新的感受。有了這種感受，她多麼想向自己的戀人傾訴，從把戀人作爲傾訴對象就可看出，她依然是把個人的情感放在第一位的，在克明沒有明確回答「愛與不愛」這個問題前，任何其他的事對她來說都是次要的，她在個人的情感世界裏掙扎著。當她看到克明和一個女孩子很親密在一起談工作時，她無法控制自己的嫉妒，那只剛剛被時代火炬點燃的「火把」也就「最先熄滅了」。

第十四章到第十七章爲第四個單元，寫了李茵對唐尼的「勸」和唐尼的「懺悔」。從火光裏，李茵看到了唐尼的眼淚，知道了她內心深處隱藏著痛苦。她告訴唐尼，「愛情並不能醫治我們／卻只有鬥爭才把我們救起」「當大家都痛苦的時候／個人的幸福是一種恥辱」「假如你還有熱情 還有人性／你難道忍心一個人去享樂？我們有太多的事情要做」，爲什麼要哭泣呢？李茵也曾有過個人情感上的痛苦經歷，她在忍受了打擊與折磨之後，並沒有沉淪，而是很快走出生活的陰影，投身到了大時代的洪流中，有了堅強的意志和堅定的信念。她向唐尼揭示了一個道理：「人生應該是／一種把自己貢獻給群體的努力／一種個人與全體取得／調協的努力」。在李茵情理俱在的勸說下，唐尼開始認識到了自己的局限，她在懺悔中覺醒，重新點起了「火把」，找回了面對生活的勇氣和力量。

第十八章爲第五個單元，這也是全詩的《尾聲》。寫了遊行結束後唐尼舉著火把獨自回到家的情形。她帶回來的火把「照得房子都通紅了」，她站在哥哥的遺像前，心裏默默地說：「哥哥　今夜／你會喜歡吧／你的妹妹已帶回了火把／這火把不是用油點燃起來的／這火把　是她／用眼淚點燃起來的……」。這就說明，唐尼已完成了對自我的超越，走出了個人情感的小天地，將生命寄託在未來充滿光明的事業中。

不難看出，艾青在《火把》中流露出的思想是複雜的，雖然寫的是唐尼、李茵、克明等思想狀態與情感生活，但深層結構卻是詩人自己的內心世界，他所敘寫的故事不過是運用極其豐富的想像將自我對生活、人生的深切體驗外化衍射成一種特殊的精神形態罷了。年輕的女性如何處理好革命與戀愛的關係，孰輕孰重？矛盾的心理帶來的是精神上的痛苦。這個問題早在一九三〇年代的左翼文學中就被表現過，只不過作家在處理時用了一種加法，「革命」＋「戀愛」，革命使戀愛變得神聖而崇高，使戀愛在革命中得到昇華，戀愛則變成了從事革命事業的一種積極的動力。這一度成爲在處理革命與戀愛關係問題時競相仿效的模式。實際上，這種處理方式，作家回避了人的複雜性，將其中可能存在的矛盾和問題進行浪漫的想像，在理想主義的支配下將革命與戀愛的關係協調一致。

從詩歌中可以看出，艾青正是想寫出年輕女性在革命與戀愛面前的矛盾心理。唐尼在被邀去參加前，儘管李茵不停地催促，叫她快點，以免耽誤了時間，可她還是不緊不慢地打扮著自己，且聽兩人的對話：

唐尼　時候到了
快點吧

李茵
你坐下
我梳一梳頭
換一換衣
……………
你看我的頭髮
這麼亂
我的梳子
哪兒去了？

梳頭、換衣、擦臉、塗脂抹粉，唐尼在精心地打扮著自己，很顯然，這不是爲了參加遊行，這是爲了前去約會，「女爲悅己者容」嘛，遊行是革命性的活動，參加的前提應該是認識活動本身的積極意義，打扮不打扮與革命是毫無關係的。從李茵忙不迭地催促聲裏，可以感受到那個時代緊張、熱烈的整體氛圍，而唐尼的有條不紊地裝扮自己，卻又將一種濃濃的女性生活情調帶進了那種大的氛圍中，兩廂交織，讓我們清楚地看到了上個世紀三四十年代的青年在「大時代」面前的表現，一方面對加入時代的洪流充滿了渴望，一方面又缺乏足夠的思想和心理準備，使他們的行爲表現和心態展示都很特別。

《火把》發表後引起很大的反響，好評如潮，但也不乏批評的聲音，這從艾青寫的《關於〈火把〉——答壁岩先生的批評》的文章裏可以看到。這篇文章分爲上下兩部分，涉及詩歌的主題、人物、方法等，作者逐個進行了解釋，對有些指責則用了較爲嚴厲的措辭進行反駁。文字表達了作者真實的聲音，反映了作者在那個時代所能達到的認識程度和思想的深度。

關於詩歌的主題，他這樣闡釋：

是那樣的一種場面，綿延不斷的群眾為火把感奮著，一陣口號，一陣歌唱……致使我感動的在眼眶裏蘊涵著淚水，很快地，我的全身被「一種東西……一種完全新的東西……」所襲擊，像背負了被射中的箭的野獸，背負了這東西回到住所裏。

這「東西」是什麼呢？這我曾花了千行詩的篇幅寫的「東西」是什麼呢？

群眾的行動所發揮出來的集體的力量，群眾本身所富有的民主的精神，群眾不可抵禦的革命精神。

《火把》，這個千行長詩，歌頌的就是這種正在無限止地擴張著的「力量」和「精神」。

《火把》歌頌的是光明；

《火把》寫的是全民族爭取光明的熱情和意志；

《火把》寫的是「火的世界，光的世界」；

《火把》寫的是光明如何把黑暗驅趕到遙遠的荒郊的故事；

《火把》寫的是照著我們前進的「火把」。㉝

詩人被時代精神所激蕩、所震撼、所感動，在時代精神之流的裹挾下做出了回應，詩的主調的積極性是毋庸置疑的。可在人物的表現上，他並沒有做簡單化地處理，「爲了要具象這『力量』與『精神』浸入人心的強度與深度」而塑造的三個人物——唐尼、李茵、克明，卻有著各自複雜的心聲，那種情感的世界，心靈的角落，恰是「火把」無法照到的地方。他爲自己筆下的人物做出了解釋：

唐尼是柔弱的。是一個「渴求著一種友誼……我把它看做一輛車子，使我平安地走過生命的長途……」的女孩子。是「一株草」。火炬遊行對於她是一種太可怕的激動。而她的「失戀」卻正在激動的一夜。「這一夜，我好像很清醒」。但願李茵的話，在這樣的夜裏對她會有幫助。幫助她「清醒」，幫助她能稍稍堅強一些。（而作者也曾在一個讀者對於李茵的話感動得流淚一事得到驗證了。）但是，唐尼決不會明天一天亮就革起命來的。她們許給自己的心願是「會好起來的」，「會堅強起來的」，她不過希望自己把「把高爾基的《母親》先看完」。……

李茵是比較的堅強的。她經歷得多一些。她吃過苦。由於一些與時俱來的刺激和經驗所給與她的悲哀，她可能在短時間裏嫌惡「戀愛」的——但決不會否定「真的戀愛」。她所說的「我才知道世界上有比家屬更高的感情」就是一種同志愛。這裏，作者在寫作時就已隱伏了她對於戀愛在現在所取的態度。……

克明是一個正在變好的青年，「工作很努力」，所以李茵勸唐尼不要去阻礙他。因為唐尼那樣的「友誼」是可能阻礙工作的。作者相信，唐尼經了這一夜，不會再像過去那樣地糾纏克明，即使仍舊愛克明，也會用另外的方式去愛了。這裏，我們應該記得起李茵的話：「你如果真的愛他，難道應該去阻礙他麼？」這不是作者的什麼「先革命後戀愛」，或「要革命捨戀愛」的戀愛觀……㉞

作者對他的人物的分析是很實在的，對當時的青年而言，時代的需要與個人的需要，如何把二者能夠較好地統一在一起，是一個值得思考的問題。如果不是用時代的標準去衡量，唐尼對待愛情的態度是無可非議的，「愛與不愛」關乎人生的幸福，在她眼裏自然是極其嚴重的問題。只不過是因爲她沉湎在個人情感的小天地裏，既不符合時代對青年的要求，又「妨礙」了其他人的革命活動，對此，作者也希望他的人物能走出個人狹小的天地，變得堅強起來，可他也清醒地知道，這是一個漸變的過程，一步跨過去是不可能的，因爲唐尼畢竟是一個「柔弱的女孩子」，她有太多的渴望，渴望友誼，渴望愛戀，要求她「明天一天亮就革命起來」是不現實的。因此，人物的表現及其心理活動，也正表明著詩人對所面臨的現實問題的態度，從某種意義上講，作品中人物的那些「火把」照不到的地方，不也是詩人自己難以直說的內心隱秘嗎？「我舉著火把來找你／你在哪裏？你在哪裏？」也許在詩人心裏，「火把」永遠都是一個美好的象徵，所要尋找的那個「你」也只是他的一個理想，一個夜色中朦朧的背影。

附注

①《西行》，《艾青全集》第五卷第八頁。

②《西行》，《艾青全集》第五卷第九頁。
③復旦大學中文系陳思和教授提出的一個概念，他認爲，二十世紀中國的各個歷史時期，都有一些概念涵蓋時代的主題，如「五四」時期的「民主與科學」、「反帝反封建」，抗戰時期的「民族救亡」、「愛國主義」等，這些重大而統一的時代主題深刻地涵蓋了一個時代的精神走向，同時也是知識份子思考和探索問題的制約。這樣的文化狀態稱之爲「共名」。
④《艾青研究與訪問記》第三六九頁。
⑤《致S》，《艾青全集》第四卷第五四五頁。
⑥《思念胡風和田間》，《艾青全集》第五卷第三三九頁。
⑦轉引自陳光煒著《艾青傳》第二八五頁，北京十月文藝出版社一九九九年版。
⑧《炸後》，《艾青全集》第五卷第三四、三五頁。
⑨《迎一九四一年》，《艾青全集》第五卷第四三頁。
⑩汪建釗編選《別爾嘉耶夫集》第三五〇頁，上海遠東出版社二〇〇四年版。
⑪周紅興：《艾青研究與訪問記》第三〇〇頁。
⑫《艾青專集》第四四二、四四三頁，江蘇人民出版社一九八二年版。
⑬《艾青專集》第四五九頁。

⑭《詩論》，《艾青全集》第三卷第四三頁。
⑮《爲了勝利》，《艾青全集》第三卷第一二五頁。
⑯周紅興：《艾青研究與訪問記》第三七〇頁。
⑰同⑯。
⑱《蟲》，《艾青全集》第五卷第三〇、三一頁。
⑲《艾青全集》第五卷第三一頁。
⑳《艾青全集》第五卷第三一、三二頁。
㉑《艾青全集》第五卷第三二頁。
㉒《雪峰文集》第二卷第八二頁，人民文學出版社一九八三年版。
㉓《詩論》，《艾青全集》第三卷第五頁。
㉔《詩論》，《艾青全集》第三卷第一八、一九頁。
㉕《詩論》，《艾青全集》第三卷第四一頁。
㉖《詩與宣傳》，《艾青全集》第三卷第七五、七六頁。
㉗《詩論》，《艾青全集》第三卷第七頁。
㉘《詩論》，《艾青全集》第三卷第二二頁。

㉙《詩論》，《艾青全集》第三卷第三七、三八頁。
㉚《詩的散文美》，《艾青全集》第三卷第六六頁。
㉛《詩人論》，《艾青全集》第三卷第九十頁。
㉜《關於〈火把〉》，《艾青全集》第三卷第一〇六頁。
㉝《艾青全集》第三卷第一〇六、一〇七頁。
㉞《艾青全集》第三卷第一〇七、一〇八、一〇九頁。

第五章　路向選擇：別一種人生的開始

一、在一個人生的關口

艾青在《迎一九四一年》一文中表達了他對新的一年的期待，希望這一年能過得不同於過去。人生有許多事情不可逆料，令艾青沒有想到的是，一九四一年真的給他的人生帶來了前所未有的變化，準確地說，是一種轉折，這種轉折標誌著詩人一種新的人生的開始。

一九四一年，進入了抗戰最艱難的歲月，政府理應團結一切可以團結的力量，共度難關。知識份子之所以能擯棄門戶之見、個人恩怨、黨派之爭，心甘情願地歸於「中華全國文藝界抗敵協會」的麾下，若不是民族救亡的大義感召，是不可能做到這一點的。而政府呢？作爲老百姓的心理依靠，更應該捐棄前嫌全力擔負起中華民族救亡圖存的重任，不是置國難於不顧，黨同伐異，消滅異己，分散瓦解抗日力量，做出親者痛仇者快的事來。從一九二〇年代起，國共兩黨的爭鬥就沒停止過，國民黨作為執政黨利用龐大的政府機器，多次對共產黨領導的「蘇區」進行圍剿，而共產黨則是千方百計求生存，求發展。到了一九三〇年代，由於日本的侵略，民族矛盾上升，階級矛盾下降，在團結抗日，一致對外的全民族呼聲中，國共實現了合作，共產黨領導的軍隊被改編為「八路軍」和「新四軍」，在政府的領導下統一抗戰。但兩黨因長期爭鬥，彼此之間心存芥蒂是免不了的，兩黨在政治上的互信程度並不高。

一九四一年初，發生的震驚中外的「皖南事變」，就表明了國民黨政府的態度。新四軍軍部及其所屬皖南部隊九千餘人，在奉命由皖南涇縣向茂林北移途中，突然遭到國民黨八萬重兵的圍襲，因寡不敵眾，軍長葉挺被俘，副軍長項英戰死，只有千餘人突圍出去，其餘多壯烈犧牲。這是一起很嚴重的事件，當局竭力封鎖消息。中共駐重慶的代表周恩來衝破層層阻撓，將自己寫的「為江南死國難者致哀」的詩句發表在《新華日報》上：「千古奇冤，江南一葉，同室操戈，相煎何急？！」。艾青就是從《新華日報》上獲得了這一極其沉痛的消息，這件事對知識份子的刺激是很大的，政府不將槍口朝向日本侵略者，卻自相殘殺，這是令人痛心的。對現實的失望乃至於絕望中，一些知識份子的心理開始發生變化，對於國家命運、個人前途憂慮，使他們開始調整自己人生的座標。艾青後來回憶說：

我在重慶只有一年的時間，直到一九四一年春天『皖南事變』發生了，我和胡風、田漢、宋之的都收到國民黨的要員劉峙、吳國楨、顧正綱、陳立夫四人的請柬，請我們去參加『總理紀念周』。只有宋之的去了。他回來說，陳立夫在會上叫嚷了一通：『我們至大至剛，什麼也不怕！』

這之後，我的身後就不時有特務跟蹤了。八路軍重慶辦事處對作家有了安排，分兩路撤退：一路到香港，一路到延安。我決定到延安。①

在艾青去延安的問題上，周恩來是起了很大作用的。由胡風安排，他們在北碚曾見過一次面，艾青留下了很深刻的印象。時隔不久，周恩來又在北碚接見了艾青，在會談中，明確提出，希望艾青到延安去，因爲在那裏可以「安心寫作」。幾次見面後，艾青對共產黨的這位高級領導人頗具好感，同時也通過他對根據地生活有了一定的認識，更何況可以「安心寫作」，這對艾青是非常有誘惑力的。艾青是一個將創作視爲生命的人，多年顛沛流離、動盪不安的生活，使他始終無法在安寧的環境中從事自己摯愛的文學創作，對一個好的創作環境的渴望，恐怕是他內心深處潛在的強烈的期待。周恩來關於可以「安心寫作」的允諾，無疑暗合了他的這種心理，這大抵也是他選擇去延安的主要原因吧。

「根據地」與「國統區」是兩個不同的政治區域，延安作爲中共領導機構的所在地，它的政治意義是不言而喻的。艾青是一個知識份子，他對中共領導的根據地的認識是極其有限的，況且，人的本能使自己在到一個陌生的地方之前，就會產生心理安全感方面的預設，因此，要說艾青毫不猶豫地到了延安是不客觀的。實際上，當時艾青面臨著去向選擇的問題，是去香港？還是去延安？這對艾青而言確乎是一個人生的關口。艾青對胡風向來是非常尊敬的，據艾青回憶，一次他問胡風去不去延安，胡風的回答是否定的，胡風選擇了香港。也許胡風的選擇自有他的內在緣由，且不去說它。但他的態度也在一定程度上對艾青的選擇產生了影響，再者茅盾、葛一虹、以群、黃藥眠等人都準備到香港去，這讓艾青顯得猶疑不定。與艾青相比，夫人韋熒去延安的態度則要堅決得多，她在一月下旬搭乘董必武的吉普車先去了延安，這也使得艾青在去向的最終選擇上有了感情的牽扯。他去找周恩來，表示要去延安，並希望能儘快成行。周恩來很快給他做了安排，並送給他一千元路費，還叮囑他「走大路，不要走小路，萬一給扣留了，就打電報給郭沫若」。那時從全國各地到延安去的青年學生很多，文化人到延安去的也是絡繹不絕，國民黨政府出於防範的需要，沿途設卡封鎖，百般刁難。因此，從重慶到遠在陝北的延安，途路之艱難是可以料想的。爲了減少不必要的麻煩，艾青在山西民族大學時的學生沈求我，給他弄了一張綏蒙自治指導長官公署高級參謀的身份證件，算是有了一個堂皇的身份。俗話說，人靠衣裝馬靠鞍。有了身份，再按照身份配上一套筆挺的「參謀」服，經過一番喬裝打扮，看上去倒也像那麼回事，真假難辨，有了一種唬弄人的派頭。

與艾青同行的還有作家羅峰、畫家張仃，他們一行乘政府鹽務局的汽車，幾經顛簸，到了寶雞。寶雞是東進西出，南來北往的交通樞紐，地理位置非常重要，駐守在這裏的是國民黨的嫡系部隊。寶雞也是艾青此行的必經之地，他們找到了畫家陳執中，暫時住到他畫室的閣樓上，以便籌畫如何去延安。詩人嚴辰及其夫人逯斐正好也在寶雞，他們正在籌措去延安的盤纏，聽說艾青到了寶雞，非常高興，便找到他們的住處去看他。艾青與嚴辰相識於一九三六年的上海，有四年未見，而今他鄉遇故知，欣喜的心情自不必說。敘罷友情，艾青道出了他們一行的打算，嚴辰夫婦表示要與他們同行。爲了規避風險，安全地到達延安，首先要選擇一條可行的路線，他們覺得從寶雞插向耀縣取道榆林方向是比較好的一條路，因艾青手持的通行證是至綏蒙一帶的，可以進行合法利用。榆林在延安的北面，屬國民黨雜牌軍管轄，他們與延安之間的關係並不像胡宗南的部隊那麼緊張，這也在一定程度上降低了路途的風險。從寶雞出發前，爲了路上方便起見，艾青他們一行五人確定了各自的身份。艾青身穿水獺領的皮大衣，依然做他的高級參謀，臨行前還印了名片，顯得煞有其事。張仃曾去過榆林，對沿途風俗民情比較熟悉，他穿長統馬靴，手持証件走在前面應付盤查。羅烽剃光了頭，找了件舊軍裝套上，當起了勤務兵。嚴辰因戴著眼鏡，穿著深色的長袍，就讓他做了隨行的文書。逯斐年輕漂亮，扮起了高參的「太太」，爲了顯示身份，還在皮箱裡放了一件新的羊皮夾克和演戲用的一雙高跟鞋。

艾清一行在寶雞搭乘了一輛經咸陽開往耀縣的長途汽車，一路無事。車到耀縣時，已是黃昏時分，城門半閉。寒冷的西北風讓人感到透骨的涼，守城的兵士大聲地吆喝著那些等待入城的人們。等輪到檢查艾青他們時，張仃趕快遞上了名片和通行證，一位士兵拿著手電筒看看名片，又照照艾青，見無什麼異樣，便打開箱子檢查，發現只是些衣物及女性所用的生活用品，就放行讓他們進城了。縣城很小，艾青他們費了好大的勁才找到一家客棧住下，剛要準備休息，查房的軍警就推門進來了，聲稱局長要看證件，羅烽只好把證件交了出去。這讓大家感到緊張，心裏七上八下的，直到深夜，證件也未歸還。晨曦初露，羅烽自告奮勇前去索要證件，其餘的人則趕忙向農民把轎窩子雇好，待證件要回後，即刻出城上路，免得夜長夢多。好在羅烽很快將證件要回，他們匆忙出城後才算鬆了口氣。

從耀縣往北行七八十里，就是銅川。銅川一過就是陝北的地界了，也就進入了真正的黃土高原。走在黃土原上，目之所及，到處溝壑縱橫，貧瘠荒涼，見所未見。攔羊漢子高亢嘹亮的「信天遊」是一種生命形式的訴說，聞所未聞。這一切，讓艾青感到他所面對的是一個極其陌生的世界，在那些溝溝梁梁組成的自然的褶皺裡，掩藏著許許多多的未知。

他們離陝甘寧邊區越來越近了，耀縣出來的一路雖有不斷地檢查，但對這位「高參」及其一行還是一路放行。可就在他們快到宜君時，在路上遇到了一個騎馬的國民黨軍官，他帶著一個馬弁，不緊不慢地走著，與艾青他們若即若離。俗話說，假的真不了，艾青他們由於心虛，怕惹出麻煩，想甩掉他們，可一時之間又做不到，不免心裏發急。羅烽見狀，乾脆主動上前與馬弁搭訕，得知那位軍官是洛川警備區的牛司令，因公務經過此地。牛司令是行伍出身，性格豪爽，很會打仗，但因是雜牌軍，混得並不得志。艾青他們決定到宜君後請牛司令吃飯，牛司令欣然應允。牛司令還真以爲艾青他們是綏蒙長官公署的人，在宜君酒足飯飽之後，還邀他們到洛川的官邸玩了幾天。有了與牛司令的「交情」，從宜君到洛川，再沒人給艾青他們找麻煩。車過洛川，陝甘寧邊區已遙遙可見。從重慶出發後，一路輾轉，有驚無險，終於快到目的地了。

這樣的故事有點像傳奇，可它確是一個知識份子人生歷程的一部分。一九四一年三月八日，艾青到了延安。這個日子對艾青是重要的，標誌著他的人生轉折的正式開始。由此開始了他的別一種人生。

二、與延安文藝界的關係

初到延安的艾青，對他而言，一切都是陌生的，這裏的自然風物，這裏的風土人情，還有他置身其中的人和事。他打量著這個對他來說曾經是傳說中的世界，他在現實的感受中建立著對新的生活的判斷的依據，蓄積著對這樣的生活做出反應的能力。人是講「群」的概念的，某種意義上也就是「入夥」，在已經形成的延安文化界的格局中，如何處理好個人與「群」的關係，也是艾青到延安後必須要考慮的問題。

據艾青的回憶，他初到延安的感覺還是不錯的，中共高層領導如洛甫、凱豐等人都找他談了話，談話的過程是友好的，是真誠的，艱苦創業的共產黨人保留著一份平常與質樸，而正是這份平常與質樸在艾青的感覺世界裏留下了較好的記憶。當時延安的文藝界有兩個比較大的機構，一個是中華全國文藝界抗敵協會延安分會，簡稱「文抗」，負責人是丁玲；一個是魯迅藝術學院，簡稱「魯藝」，負責人是周揚。艾青選擇了去「文抗」，相對於周揚，丁玲他還是有過一面之交的，也算是熟人了。至於還有沒有其他的原因使他選擇了「文抗」而沒有選擇「魯藝」，想必也只有他自己最清楚了。

上個世紀四十年代初的延安，經濟形勢異常嚴峻，由於國民政府採取的封鎖政策，致使許多生活物資無法運進來，邊區政府為了度過難關，一方面號召大家節衣縮食，一方面號召大家自力更生，開展生產自救。艾青到延安的時候，正好碰上這段最困難的時期，生活的艱難也是他難以料想的。據當時在《解放日報》工作的黎辛老人回憶：

從國統區去延安的人，多半是從蘇聯某些充滿浪漫的革命小說中想像延安的，一九三八年以前，情況大致是如此。一九三九年後，情形開始有所變化，一年前曾有『保衛大武漢』的說法，當時延安有人就在私下開玩笑說：『保衛大米飯』。這裏的幹部和文化人多為南方人，認為能吃上米飯就是好生活了。一九四一、一九四二年，由於國民黨對邊區的經濟封鎖，不要說大米不供應了，連日用品都禁止運進來。有一段時間，困難到機關的人都吃不飽，邊區銀行只剩下五塊錢。艾青的情況可能要好些，他當時吃的是中灶，享受的是縣團級待遇，韋熒和孩子吃大灶，按照紀律要分開來吃。中灶由小鬼（即很年輕的勤務兵）每頓送到窯洞門口，吃完後再把飯碗交給他拿回去。如果你不想吃，就原封不動的拿走，家人是不能吃的。中灶的標準是每個月三斤肉，一半為細糧，一半為粗糧，每天則按一斤糧食、一斤蔬菜的量配給。小米多半是發黴的，邊區地主在交公糧時，還往裏面摻了不少砂子，很難吃。②丁炬在《對徐徐同志的回憶與思念》一文中也寫到當時的情形：

延安的冬季是很冷的，白天學習室裏有盆炭火倒還可以；但由於一天只發一斤多木炭，晚上必須熄火，一到夜裏，盆、罐的水都結成冰塊。我們雖然睡的是炕，但不能燒火，涼炕越睡

越冷，所以一入冬就必須打草墊子才行。一九四一年冬天來了，大家在附近山坡上打草，忙了半天割回很少的蒿草。……③

這些都是親歷者的記憶，它將一段真實的歷史呈現在我們面前。艾青夫婦在藍家坪分了兩孔窯洞，算是有了一個自己的家，條件雖然簡陋，終歸是心有所安，在緊張的漂來蕩去後有了一個可以休憩的地方。因爲有周恩來「可以安心寫作」的允諾，和初到延安的良好感覺，對於未來的期望是令他心定的。他和韋熒忙裏忙外地整理著窯洞，顯然，他對這個「家」是寄予厚望的。在生活的艱難中，他感受和體驗著這個新的環境中的一切。也許一時之間還難以形成對新的生活的感受力和把握力，適應便在起初一段時間裏成爲艾青生活的重要內容，國統區的生活經驗雖然相對豐富，可它註定不能作爲新的政治體制下生活的指導，過去是已知的，現在是可以感知的，將來是未知的，要想在現實中發言，就必須對自己置身的環境有所瞭解，要熟悉正在發生的生活，並把握這種生活的走向。調整心態是重要的，這也是艾青在到延安後的一段時間裏突然對種菜產生濃厚興趣的原因。從老鄉那裏買來菜籽，種在自己窯洞前後的空地上，茄子、葫蘆、番茄、白菜，樣數倒不少，他精心侍弄，不厭其煩，由於延安地處黃土高原腹地，終年乾旱少雨，因此，挑水澆菜是經常之必需，據說艾青對做家務活向來沒有興趣，但表現在種菜上的耐心和精細勁是前所未見的，有時提著木桶下坡上坡地來回運水，辛勞是免不了的，可他依然樂此不疲。當時的「文抗」

駐會作家都不上班，除了開會，多數時間都待在家裡寫作，屬於自己自由支配的時間較多，艾青的業餘時間大多都用在他的菜園中了。我想他熱衷於種菜，不外乎兩個原因，一是初來乍到，爲了緩解陌生的環境造成的心靈的緊張感，這種環境的壓力是無聲的也是無形的，也是不具體的，可它在詩人的心理世界中確是存在的；一是爲了緩解家庭的生活壓力，種點菜即可以友朋來了「應急」，也可以補貼家用，更何況還有一種「耕讀」的樂趣。「稼穡」生活，艾青並不陌生，因爲他生在農村，可也並不熟悉，因爲他過早地脫離了那樣的生活，而現實中「男耕女織」的生活卻也給了他一種新鮮的人生體驗。

與艾青比鄰而居的是劉白羽和蕭軍。劉白羽是「文抗」的黨支部書記，爲人嚴肅，雖然在「文抗」工作，卻與「魯藝」那邊的周揚走得比較近，艾青與他往來不多。蕭軍爲人爽直，言語之間無所顧忌，有時不經意間就把人給傷了，與艾青的關係也很一般。艾青住在藍家坪的日子裏，與他往來最多的是「魯藝」文學系的學生，這些年輕的文學力量，他們所表現出的對文學的熱情和理想，是艾青比較樂於與他們相處的原因。據說在延安的作家中，最沒有架子的是艾青，這也是青年學生最樂於找他請教的緣故，他也是給青年學生幫助最大的作家。獎挹提攜後進是一個成功作家應該承擔的責任，因爲將來的文學是靠他們的，魯迅如此，胡風也是如此，尤其是胡風對文學青年的關懷，凡屬「七月派」的詩人是感同身受的，艾青當然也不例外。在與他交往的青年詩人中有李方立、侯躍動、孫健冰、郭小川、賀敬之等，當時艾青並不看好郭、賀二人詩中初露端倪的政治抒情意味，殊不知到了一九五〇年代，在中國詩壇風光無限的正是他們二人。

艾青在對文學環境的觀察中，他發現「文抗」與「魯藝」之間是有隔閡的。這尤其表現在兩個部門負責人之間。自一九三〇年代「左聯」以來，文學隊伍中的宗派主義一直存在著，周揚與魯迅之間的矛盾分歧是早就明朗化了的，後來周揚去了延安，魯迅也去世了。丁玲雖然沒有直接接觸過魯迅，但與她關係密切的胡也頻、馮雪峰等人和魯迅是非常密切的。從某種意義上講，丁玲與周揚之間存在的很深的隔閡，實際上是緣於「左聯」時期的一種情緒的繼續，它潛藏在當事人的內心深處，會以某一種方式表現出來。周揚始終以中共在文藝界的領導者的身份發言，居高臨下，盛氣凌人；而丁玲是一個能寫出《莎菲女士的日記》的女作家，有著很強的自主意識和鮮明的個性，她絕不是一個任人隨意擺弄的角色。對於這些情形，艾青的文字中是沒有記述的，這大概也與他不願攪和在那些是是非非中有關。丁玲在晚年的回憶文字中，也沒有直言其中的緣故，而是採取非常含蓄的方法敷衍而過，一個經受了幾十年精神與肉體雙重折磨的老人，你還能要求她什麼呢？倒是周揚在一九七九年春回答一位美籍華裔的問題時，有過如下答覆：

當時延安有兩派，一派是以「魯藝」為代表，包括何其芳，當然是以我為首。一派是以「文抗」為代表，以丁玲為首。這兩派在上海本來就有點鬧宗派主義。大體上是這樣：我們「魯藝」這一派的人主張歌頌光明，雖然不能和工農兵結合，和他們打成一片，但還主張歌頌光明。而「文抗」這一派主張要暴露黑暗。……我為回答他們寫了一篇文章。我說：請你們不要在根據地找缺點，因為太陽中間也有黑點……那是在整風以前，我的思想也沒有改造，當然那篇文章不會很有力量，但是我是反對他們的，後來就是因為我寫了這篇文章，延安有五個作家聯名寫了一篇文章反對我。有蕭軍、艾青，還有白朗、舒群。

他們沒感覺到是進入了一個新的時代，沒感覺到有一個要熟悉面前這些新物件的問題。他們還是上海時代的思想，覺得工農兵頭腦簡單，所以老是想著要發表東西，要在重慶在全國發表，要和文藝界來往，還是要過那種生活。身在延安，心在上海，心在大城市，這怎麼成呢？④

周揚的回憶中清楚無誤地告訴我們，兩派之間矛盾的存在是由來已久的，「他們」與「我們」區分得非常清楚，艾青是被劃到「他們」也即丁玲領導的「文抗」那邊的。

面對複雜的人際關係，艾青將如何自處呢？想置身事外，特立獨行，顯然是行不通的。艾青與周揚之間原本也沒有什麼芥蒂，艾青剛到延安時，周揚就想請他去「魯藝」任教，他則因別的原因而沒有去，而是選擇了「文抗」。假如艾青選擇了「魯藝」，也許他與周揚的關係就是另一種樣子，甚至於他在後來的人生境遇也會是另一種樣子。當然，這只是我們的「假如」，歷史是無法假設的，它擺在我們面前的就是已經發生的真實。導致周揚與艾青產生間隙的是艾青加入了一場關於「文學與生活的關係」的論爭。一九四一年，周揚發表了一篇名爲《文學與生活漫談》的理論文章，著重論述文學與生活的關係，如果從純學術的角度，見仁見智，誰都可以談，以周揚當時在文藝界的政治地位，談論這樣的話題也未嘗不可，問題是他在文中對一部分作家進行批評時的語氣是盛氣凌人的，針對有些作家到延安後創作力萎縮的現象，他的批評是挖苦式的。知識份子講究的是平等地討論問題，可以各抒己見，但不可居高臨下，橫加指責。周揚的做法引起了「文抗」的一些作家的強烈不滿，認爲周文棍掃一片，霸氣活現。於是，蕭軍、白朗、舒群、羅烽、艾青就此進行了「漫談」，並根據「漫談」整理出了一篇《〈文學與生活漫談〉讀後漫談集錄並商榷於周揚同志》的文章，簽上他們的名字發表了。文中針鋒相對，反唇相譏，有著極濃的火藥味。這場論戰使得「文抗」和「魯藝」之間的矛盾公開化了。艾青也因這次論爭無意中將自己歸屬的「陣營」劃清了。

這次論爭，引起了中共高層的關注，毛澤東曾先後數次約見蕭軍、艾青等人，聽取他們的意見，瞭解他們的思想，他只是聽他們說，並不對論爭雙方的是與非做出評判。

三、親情與詩心

如果說人有一種情感關係是永恆的，那它就是親情，即便是那些爲某些緣故六親不認的人，他也無法割斷親情的聯結，因爲那是流淌在血液中的東西。實際上，人心的軟處恰在於親情的牽動。從艾青寫在到延安後的《贖罪的話》和《我的父親》中，我們可以看到一種前所未有的親情表現，這對認識艾青情感世界的豐滿度是很重要的。

寫《贖罪的話》這篇散文也是感從心發，韋熒到延安後不久產下一嬰，由於沒有幫手，艾青既伺候大人，又侍弄小孩，這讓一向不擅於家務的他難以應付，他就與妻子商量，將孩子寄養在老鄉家裏。過了一段時間，韋熒身體漸漸復原，他們一起前去老鄉家接孩子，可孩子因嚴重營養不良，已經骨瘦如柴，氣息奄奄了。接回家沒幾天就夭折了。這件事讓艾青深受刺激，原來喪子之痛竟是如此真切地感受，敏感的神經將一個幼小的生命不在的事實傳達到他的靈魂的深處，讓他不得不面對這一事實自責，是他創造了一個生命，卻又把這個生命不負責任地送了出去，致使這個生命剛剛開始即告結束。他可以找許多理由爲自己開脫，但卻沒有一個能讓他心安理得。艾青在這件事上的反應，恐怕與潛伏在他心靈深處的童年記憶的呼應有關，「寄養」帶給他的是抹不掉的創傷記憶，那是他的父母留給他的；如今他又把自己的孩子「寄養」了，結果是死亡。他在不斷地譴責著自己不負責任的父母，這是他承受不幸後的理所應當的權力，可如今誰來譴責他呢？那個小生命已隨風而逝，短暫得來不及在這個世界上留下痕跡，即便如此，他也曾是實在的生命的存在，誰該為他負責呢？艾青在文中這樣表白：「我是愛小孩的，而且我也相信，每個人都具有愛小孩的本能，假如沒有這種本能，人類就沒有前途了。」「人類是恥辱的：他們竟墮落到不能保護自己的苗芽，他們歡喜採摘生命的蓓蕾。」⑤由自己孩子的夭折，回憶起所經歷的一幕幕關於幼小生命被毀的慘劇，作者批判「貧窮、迷信、禮教、戰爭」，是它們使人類「變成了殺人犯」，變成了殘害生命的動物，他們不僅「互相殘害」，「而且殘害自己的未來」。或許這樣的解釋能讓他心安一些。

親情就像扯不斷的紅絲線，因為它血脈相通。身為父親，他的自責，他的痛心，他的追悔，都可以看作是他的贖罪。而作為兒子的他，又如何去面對自己的父親呢？在延安的某一天，艾青收到了來自老家金華的一封信，他急忙打開來看，信是他的弟弟妹妹寫的，告訴他父親已經去世的消息。儘管艾青一直對父母當初將他寄養的事耿耿於懷，他無法原諒他們的所作所為對他的傷害，與他們相處關係上表現得很是淡漠，可時過境遷，多年異地相隔，如果說彼此之間了無牽掛是不符合人倫常情的。對於父母，艾青的感情是複雜的，「大堰河」家的童年記憶依然清晰而牢固，使他回想起來常常為之心痛，對父母淡漠與譴責的理由是充分的。可有一個事實又是無法回避的，那就是父母的養育之恩，不管你承認不承認，是他們給了你一個生命，是他們供你讀書，也是他們爲你娶妻成家，從金華到杭州，從杭州到上海，從上海到巴黎，書越讀越多，人越走越遠，這之中如果沒有家庭的支持，想來也是絕無可能的，說不定艾青就是永遠生活在畈田蔣的地主或村民蔣海澄，普普通通，默默無聞，而不是半個多世紀享譽詩壇的詩人。艾青面對父母時的複雜心情，正是這種恩怨交加的人生感受中產生的。

如今，那位給他以傷痛和恩惠的父親已經遠去，已經永遠地從現實中消失，父子從此陰陽相隔，已不可能再有淡漠或不淡漠的表達，逝者已矣，他給兒子留下了痛苦的回憶和無限的親情的懷念，人非草木，孰能無情？親情縈懷也是人性的本能，想著遠方的家中因父親的去世留下的傷痛，想著父親不在後的家庭所面臨的困難，艾青難以抑止內心的悲痛，父親的形象如此清晰地浮現在他的腦海裏，在一種前所未有的情感的支配下，他寫下了一個兒子對父親的懷念——《我的父親》。

這是一首敍事抒情的長詩，艾青仔細地回憶了他與父親之間發生的種種情形和糾葛。他起首便寫道：「近來我常常夢見我的父親——／他的臉顯得從未有過的『仁慈』，／流露著對我的『寬恕』，／他的話語也那麼溫和，／好像他一切的苦心和用意，／都爲了要袒護他的兒子。」⑥人們常說，日有所思，夜有所夢。佛洛伊德也曾說過：「夢因願望而起，夢的內容即在於表示這個願望。」⑦這些說法雖然表述不同，但有一點是相同的，那就是夢不是無緣由的。艾青因父親的去世而引起的心理活動，引起的情感波動，不是可以輕易平復的，而是執著地糾結在他的心靈深處，父親的「入夢」，是兒子現實思念的表達，記憶中的那張嚴肅的臉變得「仁慈」、「寬恕」，說話的語氣也比過去溫和了許多，顯然，艾青在這裏想要表達的是一種父子心靈的靠近，過去是疏遠的，今天在「夢」中卻是如此的讓人親近，如此的有親和力，這難道不是艾青一直以來的願望嗎？

記憶的閘門一旦打開，過去的與父親有關的一切便點點滴滴、樁樁件件，一股腦兒地湧現在詩人的眼前。想起來，父親對兒子一直是寄予厚望的，就在「去年春天他給我幾次信，／用懇切的情感希望我回去，／他要囑咐我一些重要的話語」，但是，兒子卻佛逆了他的願望，讓他又一次失望了。由於是家中的長子，按照傳統的理念，艾青理應承擔比較多的家庭責任，父親爲什麼那麼殷切地期望他回去一趟？就是要親自給他交代一些「關於土地和財產的話語」，可見，在父親的心目中，他的長子的位置依然是重要的，並沒有因爲他在外多年的游離而忽略了他，父親老了，對於身後事想得也就格外多了些，幾次寫信催促兒子回家，除了要囑托幾句重要的話語外，恐怕也是年老體衰的父親有感於天年不長後思念迫切的表現。遠方的兒子卻在接到他的信後，因爲「害怕一個家庭交給我的責任，會毀壞我年輕的生命」而沒有對父親的呼喚做出回應，終於在「五月石榴花開的一天，∕他含著失望離開人間」。

父親的形象是親切可感的，因爲他的生活和他的人生。在一個中學學堂裏念書的父親是「溫和而又忠厚」的，「穿著長衫，留著辮子，∕胖胖的身體，紅褐的膚色，∕眼睛圓大而前突，∕兩耳貼在臉頰的後面，∕人們說這是『福相』∕所以他要『安分守己』」。這樣的父親的形象是生動的，是血肉豐滿形神兼備的。父親是生活在中國鄉村的一個普通的地主，過著殷實自足的生活，在傳統文化中汲取著「修身、齊家」的道理，終於「做了他母親的好兒子，∕他妻子的好丈夫」。可他又不是一具封建的僵屍，他接受了梁啓超等的維新論思想，在那個偏僻的村莊裏率先剪掉了辮子，訂閱《申報》，閱讀《東方雜誌》，加入「萬國儲蓄會」，「堂前擺著自鳴鐘，∕房裏點著美孚燈」，這樣的生活你能說它是封建的舊生活嗎？新的生活，新的思想，父親是「新」的。可父親同時又是「舊」的，他繼承了祖父遺留的店鋪，擁有幾百畝田地，幾十個店員、幾十個佃戶圍繞在他的身邊，「一個婢女，一個老媽子」伺候他的生活，他過得很是安閒自在。他在這樣的生活中建構著自己的家庭理想，「沒有狂熱！不敢冒險！」，他非常理性地按照自己的邏輯設計著生活的目標，他用嚴厲的方法督促子女去讀書，希望兒子學經濟與法律，希望將來能發財做官，從一個父親的角度看上去，這是無可厚非的，在「望子成龍」上表達了一個父親強烈地親情關切。在兒子眼裏，父親始終是矛盾的，他讀現代科學知識，知道人是物種進化的結果，可在祭祀時卻又假裝虔誠，因爲他知道「對於向他交納租稅的人們，／閻羅王的塑像，／比達爾文的學說更有用處」；他期待進步，也迎接革命，但前提是自己不能被衝擊，他「站在遙遠的地方觀望」著。一個過慣了閒適安逸生活的人，渴望生活的變化，卻害怕生活的動亂。

那麼，作爲兒子的「我」給他帶來了什麼呢？當他從地板下面取出一千元鷹洋，兩手抖索地交給「我」時，他叮囑「我」「過幾年就回來，千萬不可樂而忘返！」；當「我」臨走時，他默默地送「我」到村邊，以致於「我」不敢想「他交給我的希望的重量」。幾年後，當「我」神情憂鬱兩手空空地回到那個衰老的村莊時，他的眼神中流露出的是失望。當「我」被捕入獄、判刑後，他對兒子的絕望使他「一夜哭到天亮」，儘管如此，他還是用他的方式關懷著不肖的兒子：「在那些黑暗的年月，／他不斷地用溫和的信，／要我做弟弟妹妹的『模範』，／依從『家庭的願望』，／又用衰老的話語，纏綿的感情，／和安排好了的幸福，／來俘虜我的心。」兒子雖然讓他生氣，讓他失望，可他從沒有放棄父親的責任，不管這種責任在兒子眼裏會變成什麼，他都在用父親的親情做著教化兒子的努力，在他眼裏兒子走得太遠了。

如今，父親死了，他帶著兒子留給他的遺憾走了，可能對他來說，「望子成龍」的失敗感是對他最大的精神折磨，他的兒子沒有能讓他光耀門楣，卻時不時地讓他擔驚受怕，若這個兒子他可以視而不見，可以置之度外，他又怎麼會產生精神的痛苦，承受心靈的折磨？這裏面還是有親情的關切，有無法割捨的血緣關係，有深沉的愛意，若非如此，他何以會有怨？有憤怒？愛之深而責之切，這是有道理的。兒子是經歷了西方現代思潮薰陶的人，從東方到西方，又從西方到東方，與父親比起來他是一個「新人」，他有新的思想建立起來的世界觀、價值觀，他有服從於個人意志的人生理想，這些都不是生活在小小的畈田蔣村的父親所能理解得了的。這也是父子之間產生隔閡的重要原因。「新人」看「舊人」，看出「他是一個最平庸的人；/因爲膽怯而能安分守己，/在最動盪的時代裏，度過了最平靜的一生，/像無數的中國地主一樣：/中庸，保守，吝嗇，自滿，/把那窮僻的小村莊，/當做永世不變的王國。」兒子所批評的可能正是父親所刻意追求的，追求動盪時代裏的安穩平靜，追求貧窮年代的富足自滿，在父親看來這是最現實的，也是他作爲家長所承擔的最崇高的責任。兒子覺得父親「可憐」，是因爲時代在巨變，父親的固守顯得不合時宜，那種「守舊」的夢即將要被破碎。

我不想依從論者之舊說，從《我的父親》中發掘出父與子的緊張對立關係，將通篇的詩句看作「進步的兒子」對「守舊的父親」的批判，而是將之看成是父與子的另一種形式的對話，有親情，有溫馨，也有矛盾。在延安文藝界複雜的人際關係中，個人與環境的關係能否和諧，艾青心裏是沒有底的，父親的去世，更增加了他的焦躁不安。當時延安已提倡文藝要爲工農兵，要大眾化，在這種氛圍中，艾青寫下《我的父親》這樣極具個人色彩的長詩，與整體的格調是不大合轍的。我想，這恰恰說明，他在新的環境裏對親情的懷念，對親人的思念，詩人的心靈對於親情的感受依然是敏感而細膩的。

四、《瞭解作家，尊重作家》

審視艾青到延安後的文學活動，發現並沒有多少令人賞心悅目作品留下來，我們從中看到了一種變化，這種變化就是環境對一個詩人的影響和新的文化規範對詩人的制約。他來延安之前，周恩來給他的「可以安心寫作」的允諾言猶在耳，可畢竟彼一時此一時，當他真的置身在「可以安心寫作」的環境中時，發現絕非說說那麼簡單。外在的環境永遠都是複雜的，詩人的心靈卻是單純的，單純的心靈不可能對複雜的環境發出的所有的資訊都做出敏感的回應，對與詩無關的許多內容他是缺乏感悟力的，也因之而缺乏與複雜環境相應的反應能力，這種反應能力，在某種程度上就是一種自我保護能力。艾青也在自覺與不自覺地強化著自己適應環境的能力，這可以看他一段時間的表現，但不管怎樣，詩人的氣質，內心蘊藏的自由精神，個性化的語言色彩等，還是會程度不同地表現出來。

一九四一年十一月擔任《詩刊》的主編，大概是艾青到延安後最令他心情愉快的一件事。刊物是詩人發言的陣地，是傳達詩人聲音的重要管道，「詩言志」，詩人的思想、志趣皆在詩裏，刊物是詩人向外界「說話」的載體。這也是艾青很看重這項工作的原因。從他專門爲刊物寫的一篇題爲《祝──寫給〈詩刊〉》的文章裏，可以感受到當時因編刊物帶給他的飽滿的精神狀態，可以看出他對刊物的那種嚴肅認真的態度和寄予的崇高的期望。他說：

> 詩是民主精神的煥發，是人類理性的最高表現。詩的發達是一個國家和民族的文化發達的必然結果。
>
> 中國新詩已經歷了二十年的戰鬥的過程，它的發展正是和中國社會的革命相同：是非常艱苦的，韌性的，不屈不撓的，再接再厲的。
>
> 沒有完成的革命事業需要著詩，新中國的創造需要著詩──需要高度地表現了現實的，表現了戰鬥的英勇與堅強的，深刻的，感人的詩。
>
> 謹祝這刊物能一天比一天健旺的存活下去。⑧

從這篇「創刊詞」可以看出，艾青把詩看得很高，他眼裏的詩，既體現民主精神，又表現人類理性，還把詩的發達與否跟一個國家和民族文化的發達與否聯繫在一起。同時他還強調了詩的現實戰鬥精神和人性內涵。可以說，這樣一份刊物，寄託了艾青的精神理想，不論是在國統區還是在解放區，他心裏始終有一個對於詩歌的不變的信仰，這種信仰應該是和許多人從事的改造社會、建設國家的理想是相一致的。知識份子對社會做出自己的判斷，靠的是以知識爲背景的思考，他們的精神理想也是建構在這樣一種個性化思考的基礎之上的，因此，任何一種政治理想都是無法對他們進行整體涵蓋的。

在一九四一年的九到十二月，我們可以看到這樣一些詩作：《古石器吟》、《雪裏鑽》、《秋天的早晨》、《強盜和詩人》、《拖住它》、《毛澤東》、《時代》、《村莊》。之所以選擇這麼短的時間裏的創作，是因爲想把它作爲一個透視的點，畢竟四一年的艾青與四二年後的艾青還是有所不同的。

《古石器吟》是詩人在延水之旁的沙灘上撿到一塊殘缺的石片，他發現這是前古石器時代的遺物，他由是打開了思想的閘門，穿過重重的歷史的帷幕，拂去層層的塵埃，從遠古的祖先到今天的子民，一塊殘缺的石片上，卻存留著人類變遷的資訊，記錄著殺戮、掠奪、爭鬥，它們存在於部落之間、氏族之間、國家之間、階級之間，朝代更替，血污浸染，人類的故鄉變成了屠場，在漫長的歲月中，人被無情的異化了。「生活在和平與幸福的殿堂裏，／那殿堂的石柱是：自由，藝術，愛情，勞動」，美好的東西被人類自己毀壞了，它只能是一種理想的渴望。這首詩有著厚重的歷史意識，在歷史意識的關照下進行對人的反思與批判。《秋天的早晨》中瀰漫著農人豐收的喜悅，抒寫著生活的平實。詩人在一個秋晨的散步中，無意間觀察到莊戶人家的生活狀態，那樸素的田園生活氛圍令他陶醉，他內心深處或許就有一個關於安謐寧靜的「田園」的期待？他以之入詩。這首詩中沒有明顯地寫到農民就有的憂鬱情懷，筆調也沒了以往的那份沉重。《強盜和詩人》則很有意味，做「強盜」是詩人源於年輕時一個幻想，劫富濟貧，除惡扶弱，維護正義，「在我所馳騁的地域上／沒有寄生的王／也沒有靠憐憫過活的乞丐／終止一切不合理的制度，／天在仗義的冒險裏高歌」，做一個俠義的「強盜」，剷除人間的混亂和不平，這大概是在艾青心靈深處蟄伏很久的個人理想。俠盜精神在中國民間社會有著豐厚的土壤，民間有著廣泛的心理認同的基礎，其例甚多，不勝枚舉。「強盜」意味著對現實的反叛，意味著對既定秩序的顛覆，艾青不是現實中的「強盜」，但「強盜」的聲音迴蕩在他的腦海中。「強盜」沒有做成，卻成了詩人，「現實解除了我的幻想」，他雖然依舊「彷徨在這陳腐的世界上」，可他的靈魂「已不安定」，他「愛上了流浪」，他希望「詩人」和「強盜」是朋友，他「要用這脫落了毛羽的鵝毛管」「刺向舊世界醜惡的一切」。秩序之內或秩序之外，理想與現實，個人與時代，艾青的感受是複雜的。

比較之下，艾青還有一些詩也是值得注意的。在長詩《雪裏鑽》的創作上，可以反映出艾青當時一些變化，他想在詩的表達對象上進行一些新的嘗試，譬如英雄、偉人、時代等順時的題目。聽一位從前線回來的記者講述英雄的騎兵團長率兵夜襲敵人的故事，艾青被深深地吸引了，尤其是人與馬在戰爭這樣一種特殊的環境裏的生命依存關係，引發了他的思考，表現戰爭狀態下的生命意識，關注戰爭中個體生命的價值，一直是他一個時期詩歌的主題。可等到詩歌寫完的時候，他發現了它的缺陷，沒有生活的空洞感使詩歌處在虛浮的狀態，「根據人家講的記錄下來，不一定是好詩」⑨《拖住它》是呼籲全世界的勞動人民「快拖住希特勒的尾巴——／不准它闖進莫斯科」，此時蘇聯人民的衛國戰爭正艱難地進行著，詩人對於戰爭的憂慮是可以感受到的，但這首詩的直白，已然沒了詩的意境。《毛澤東》是對偉人的頌歌，我沒有理由懷疑詩人的真誠，他之所以歌頌毛澤東，是因爲他看到「他的臉覆蓋著憂愁，／眼瞳裏映著人民的苦難」，這或許是他進行歌頌的基礎，這也是與其他一些人的頌歌不同的地方。《時代》所展露的心緒是複雜的，有被時代的情緒裹挾下的激動，也有不爲人知的矛盾，「我在你們不知道的地方感到空虛／我要求更多些，更多些呵」，「沒有一個人的痛苦會比我更甚的——／我忠實於時代，獻身於時代，而我卻沉默著」。詩人爲什麼到了「解放區」還感到「空虛」？爲什麼還有沒有疏解的「痛苦」？又爲什麼而「沉默」？早在一九三九年七月，他在《詩與時代》一文中寫下過這樣一段話：「我永遠希望詩人們能忠實於自己的世界觀，假如他是一個勇敢的藝術家，他正不妨寫出對這事件之藏在他心裏的不同見解，他所把握的在他認為是真理的東西。不要忘記在詩的歷史裏，詩人為了忠實於自己的世界觀而遭受放逐、監禁、綁赴斷頭臺的英勇的記載啊！沒有一種權力能命令詩人為他去歌頌的。」⑩理論上的宣導是比較容易的，等自己真正去踐行的時候，才發現實在不易，時代有時代的需要，政治有政治的目的，這些都要求個人的服從，一個政治家眼中的世界和一個詩人眼中的世界肯定是有區別的，因此，有些問題詩人永遠都無法解決，也無力解決，詩人之所以會痛苦就在於他還是詩人。

一九四二年，對艾青乃至整個解放區文藝工作者都是非同尋常的，因為這一年建立了一種全新的文學規範，這種規範是所有詩人、作家都必須無條件地遵守的，是衡量任何一個詩人、作家、藝術家在政治上是否合格的依據，在某種意義上，艾青他們就是這個規範出現的見證者，也是新規範的最早的實踐者。

這一年的春天，延安的文藝界出現了與主流思想不大協調的聲音，一些作家表達了他們的一些觀點和看法，這些觀點和看法在今天看上去，無非是對現實中存在的一些現象表達了自己的感受而已，多少體現出一點知識份子獨立判斷與自由思想的特點。但在一個特定的環境裏，是需要眾口一詞的，政治的需要高於一切，在政治家眼裏，七嘴八舌的聲音就是一種思想混亂的表現，他們要做的就是在遵循共同目標的前提下，統一思想，統一認識，統一行動，這樣才會聚集力量，實現目標。問題是，許多知識份子缺少政治的敏感，所以行爲處世也就少了對政治的判斷力。當時的延安已經開始了整風運動，中共首先開始整頓黨風，緊接著整頓學風與文風，一些作家、詩人錯誤地以爲說話的環境將會越來越寬鬆，越來越自由，因此表現得非常活躍，如討論文藝的大眾化問題、歌頌與暴露的問題、文藝與政治的關係問題、人性論問題等，都有極強的現實的針對性和敏感度。「還是雜文的時代」，魯迅提倡的雜文的意義又一次被重新認識。二月份，中央研究院的王實味在一本名爲《穀雨》的文學刊物上發表了談文藝問題的雜文《政治家、藝術家》，他認爲政治家與藝術家承擔著不同的社會責任，二者毫無相干，他爲兩者劃清了界限，實際上也就是把文藝與政治分開了。三月份，他又在《解放日報》副刊上發表了雜文《野百合花》，對他認爲延安存在的各種弊端進行批評和揭露。心中有話，王實味率先講了出來，但對現實有想法的絕不止王實味一個，羅烽發表了《還是雜文的時代》，丁玲發表了《三八節有感》，蕭軍發表了《論同志之「愛」與「耐」》，它們代表了知識分子中間存在的一股情緒。

艾青也寫了一篇名爲《瞭解作家，尊重作家》的文章，雖然不長，但卻非常明確地表達了他對作家的獨特屬性、職能、使命、作用等的認識。他在文章的後半部分說：

我常常聽人說：「某些人看了某些作品不高興了。」我的心就非常高興。因為，由此我們可以知道那作品的確起了作用了。

作家並不是百靈鳥，也不是專門唱歌娛樂人的歌妓。他的竭盡心血的作品，是通過他的心的搏動而完成的。他不能欺瞞他的感情去寫一篇東西，他只知道根據自己的世界觀去看事物，去描寫事物，去批判事物。在他創作的時候，就只求忠實於他的情感，因為不這樣，他的作品就成了虛偽的，沒有生命的。

希望作家能把癬疥寫成花朵，把膿包寫成蓓蕾的人，是最沒有出息的人——因為他連看見自己醜陋的勇氣都沒有，更何況要他該呢？

愈是身上骯的人，愈喜歡人家給他搔癢。而作家卻不是歡喜給人搔癢的人。

等人搔癢的還是洗一個澡吧。有盲腸炎的就用刀割吧。有沙眼的就用硫酸銅刮吧。

生了要開刀的病而怕開刀是不行的。患傷寒症而又貪吃是不行的。鼻子被梅毒菌吃空了而要人讚美是不行的。

假如醫生的工作是保衛人類肉體的健康，那麼，作家的工作是保衛人類精神的健康——而後者的作用則更普遍、持久、深刻。

作家除了自由寫作之外，不要求其他的特權。他們用生命去擁護民主政治的理由之一，就因為民主政治能保障他們的藝術創作的獨立的精神。因為只有給藝術創作以自由獨立的精神，藝術才能對社會改革的事業起推動的作用。尊重作家先要瞭解他的作品。作家在他作為作家的時候，不希求在他作品以外的什麼尊重。適如其分地去批評他。不恰當的讚美等於諷刺，對他稍有損抑的評價則更是一種侮辱。

讓我們從最高的情操學習古代人愛作家的精神吧——

生不用封萬戶侯，

但願一識韓荊州。⑪

艾青在文中的見解無疑是深刻的，他把作家看成是整個民族的精神衛士，擔當的使命就是「保衛人類精神的健康」，誠如魯迅當年要用文學來治療「國民性」。艾青對壓抑的文學環境是不滿的，他肯定並強調了作家的自由獨立精神的重要性，文章的最後借用李白的兩句詩來表明心跡：我們知識份子到延安來，不是爲了功名利祿，只求能夠得到尊重、理解、信任和重視，讓我們以自己的方式爲社會做貢獻就行了。結果後來朱德把艾青筆下的「韓荊州」解釋爲「工農兵」，可見知識份子心目中的「韓荊州」也是做不成了。

作家中存在的這些思想動態，引起了中共高層領導人的注意。據艾青回憶，毛澤東曾幾次找他們談話，一次問他：「很多文章大家看了有意見……你看怎麼辦？」⑫艾青就說，開會，請主席出來講講，並表示自己願意聽。

一九四二年五月二日，召開了延安文藝座談會，毛澤東的《講話》出臺，內容涉及文藝與革命、文藝與階級、文藝與政治、文藝與群眾、文藝與生活、作家思想改造與創作、文藝批評的標準、文藝的「源」與「流」等的關係，並明確了文藝的工農兵方向。艾青在參加了多次座談會和討論會後，他的認識開始發生了變化，在大規模地批判王實味思想的過程中，他不僅積極發言，還撰寫了《現實不容許歪曲》的長文進行批判，在對一些問題的認識上前後反差很大，那個寫《瞭解作家，尊重作家》的艾青隱去了。他給毛澤東寫信，主動要求到前方去，後來去「三邊」深入生活、體驗生活。他開始向民歌學習，從內容和形式上面向工農兵。一九四三年，他寫了一首歌頌邊區勞模的敍事長詩《吳滿有》，結果既沒有把握民歌的藝術風采，又失掉了自己固有的藝術個性，他想轉變自己詩風的嘗試失敗了。對於這一點他的感受是深刻的，在一九八三年與周紅興的談話中還說：「到了延安，由於太多的強調學習民歌，我放棄了自己比較熟悉的形式，結果寫出一些不成功的東西。爲寫《我的父親》、《獻給鄉村的詩》等作品，又拾起我原來的形式。後來我們的理論家完全以《講話》來劃線，至少對於我來說是不科學的。」⑬ 這說明，對於當時流行的詩風，艾青是缺乏把握力的。

不可否認，艾青到延安後，其詩歌創作上出現了一定量的粗鄙化傾向，恐怕是他陷入了一個認識的誤區所致，認爲詩歌越平淡、越沒有詩味，就越大眾化，也就越進步。是遵從自己內心的律令，還是遵從時尙的趣味，艾青也是時而清醒，時而茫然。

五、在北京的日子

日本投降後，艾青離開延安到華北文藝工作團工作。一九四九年二月隨華北大學進入北平。後被調到北平軍管會下屬的文管會擔任文化接管委員，他全身心地投入到這種接收工作中去了。七月份應邀參加第一次文代會，九月份應邀參加第一次新政協會議，他在緊張、興奮、激動中忙碌著。

建國初期，艾青又重新做起了他的畫家夢，他一度想到中央美院去做院長，據說是因爲周揚認爲他的長處在創作而不在管理沒有去成，卻讓他做了剛剛創辦的《人民文學》雜誌的副主編，協助茅盾編刊物，這種安排令他很是不滿。看樣子，美術對他而言永遠只能是個「業餘愛好」了。既然在體制之內無法實現，那就在體制之外尋求安慰，在當時三四年的時間裏，艾青將相當多的時間花在畫畫、求畫、買畫上。穿行在北京的一些畫店中，搜求有價值的畫作爲珍藏，他從中得到了很多樂趣，尤其是與繪畫大師齊白石老人的相識相交，讓他感到莫大的滿足，這或許正是他心中的「繪畫」情結在起作用。

回眸上個世紀五十年代前半段艾青的創作狀況，發現他是那樣的萎頓，不光是數量銳減，品質能稱得上佳作的也爲數甚少。一九五〇年艾青隨團訪問蘇聯，他寫下數首隨感式的詩歌，諸如《奧特堡》、《車過貝加爾湖》、《十月的紅場》、《巴庫的玫瑰》等，可能是浮光掠影的緣故，詩人不可能有深切的藝術感受。從一九五一年到一九五三年，艾青總共寫了九首詩，其中，五一年三首，五二年兩首。如果將之概括爲詩意消解、詩情缺失、詩作稀少，我想也是恰切的。

那個年代的人們真可謂沉浸在被政治激情燃燒的激動和興奮之中，「謳歌」成爲社會壓倒一切的聲音，當我們今天翻閱那個時代的文學作品，發現「歌功頌德」是它們的共名。如詩歌有郭沫若的《新華頌》、胡風的《時間開始了》、何其芳的《我們最偉大的節日》、賀敬之的《放聲歌唱》等；戲劇有老舍的《龍鬚溝》、胡可的《槐樹莊》、王煉《枯木逢春》等；小說就更多了，《保衛延安》、《紅日》、《紅旗譜》、《林海雪原》、《青春之歌》、《山鄉巨變》等等，凡此種種，匯成了一個時代精神的主旋律。作家大寫「革命史」，大寫「中共黨史」，這在那個年代蔚然成風，變成了一種流行的時尚，否則，就好像有落伍的嫌疑，這叫「形勢逼人」。艾青也不甘人後，他覺得自己的故鄉就是抗戰時期的遊擊區，浙東遊擊隊在那裏堅持抗戰，留下了許多事蹟，若進行挖掘不正是一個可以入詩的好題材麼？一九五三年，他回到了闊別十六年的故鄉金華，見到了自己的弟弟海濟、海濤和大葉荷的兒子蔣正銀。在敘完離別之情後，艾青開始了他的採訪，他尋找浙東遊擊隊的老戰士，聽他們講述抗敵鬥爭的經歷和他們的英勇事蹟。採訪中他聽到關於「八大隊」如何展開遊擊戰，如何與敵巧妙周旋然後尋找時機打擊敵人的故事，他還聽到「八大隊」的一個老游擊隊員向他講述的軍民情深的悲壯故事：住在傅村的楊大媽藏起了一批游擊隊的槍支，在敵人的嚴刑逼供面前臨危不懼，守口如瓶。這個故事讓艾青感動，也促發了他寫詩的靈感，回北京後，他寫出了敘事長詩《藏槍記》。從這首詩歌中可以看出，艾青在努力地改變著自己的詩風，形式上是民歌體加自由體，敍事風格平直。詩歌發表後反應平淡，這是艾青沒有想到的。他後來也承認那是一首失敗的作品。當時急功近利的心態讓詩人產生了對詩歌的世俗效用的預設，隨流從眾，向流行的詩風妥協，這就是失敗的原因。

相比較而言，艾青在一九五四年的詩歌創作是有點新意的。量多不說，質也是比較好的，這大概得益於他和智利大詩人聶魯達的相識。兩人初次見面是在一九五一年，聶魯達與蘇聯詩人愛倫堡代表國際和平獎金委員會前來為中國國家副主席宋慶齡女士授獎，中國作協讓艾青陪同參觀訪問。儘管只有短暫的一個星期，但彼此卻留下了很深的印象。時隔兩年，遠在南美洲的聶魯達邀請艾青前去參加他五十歲生日的紀念活動，中國作協派了一個包括艾青在內的五人代表團，他們幾經周折，飛了八天才到聖地牙哥。聶魯達熱情地展開雙臂擁抱遠方來的朋友。艾青寫下了《在世界的這一邊》、《礁石》、《珠貝》、《海帶》、《給巴勃羅．聶魯達》、《在智利的海岬上》、《告別》等詩歌，與聶魯達相處的日子，激發出了他進行詩歌創作的欲望，別具特色的異國風情，風格迥異的文化氛圍，讓他在一個陌生的國度享受著「獨處」的感受，暫時遠離了那種熟悉的喧囂，擺脫了那些煩瑣的事務，靜靜地坐在南美洲的海邊，看潮起潮落，聽波浪濤聲，那是一種充滿詩意的生活。因為詩，兩個詩人相識相知；因為詩，他們互相賞識；還是因為詩，他們惺惺相惜。艾青的生活在脫離原有的軌道後，心靈的放鬆，精神的自由，詩心的碰撞，都是在過去很長一段時間裡沒有過的，可以說，是聶魯達喚起了他潛藏於心的對於自由的渴望，是聶魯達為他提供了一角詩意的空間，他對此非常珍惜，正是如此，他流露在《告別》詩中的那份憂傷也就了然了。

另外，五〇年代還是艾青家庭生活與情感世界發生重大變故的時期。艾青訪蘇期間，在莫斯科很意外地遇到了他在華北聯大任教時的女學生陳琳，她在中國駐俄大使館擔任翻譯，「他鄉遇故知」，這令師生二人驚喜莫名。整個訪問期間都是由陳琳陪同和擔任翻譯，雖為師生，彼此的欣賞卻使他們的關係超越了師生的界限。在抒寫中蘇友誼的詩歌《菩提樹的林蔭路上》，作者借政治的情感表達了個人的感受：「即使我在這兒生活一天，／也是我一生最大的幸福」。異國他鄉得到的這份意外的愛情，讓艾青感到甜蜜和幸福。然而紙是包不住火的，回國後緋聞就傳到了他的妻子韋熒的耳朵裏，導致兩人的感情迅速走向破裂。一九五〇年艾青向法院提出離婚，北京市中級法院判決離婚，韋熒不服，提出上訴。後最高法院駁回中院判決。兩人分居五年後，一九五五年五月二日，雙方同意由法院協議離婚。但是，由於子女撫養費問題引起的爭執卻長達二十二年，數次對簿公堂，想當初的一對恩愛夫妻，竟然到了撕破臉皮、怨恨交加、至死都不寬恕的地步，實在令人悲歎！艾青的情感歷程註定是充滿波折的，就在他離婚後不久，認識了在「作協」人事科工作的高瑛。高瑛雖然已是有夫之婦，並且是兩個孩子的母親，卻只有二十二歲，無愛的婚姻讓她在感情上非常痛苦，兩個經受過婚姻折磨的心靈靠在了一起。高瑛的丈夫以重婚罪將艾青和高瑛告上法庭，艾青受到留黨察看的處分，同時，法院判他們犯有重婚罪，刑期一年，每人半年，監外執行。不管經受什麼樣的打擊，他們彼此愛心不變，在逆境中兩個人走到一起，建立了一個新的家庭。

附　注

①《艾青全集》第五卷第三三〇頁。

②轉引自程光煒著《艾青傳》第三三二頁，北京十月文藝出版社一九九九年版。

③轉引自馬嘶著《百年冷暖——二十世紀中國知識份子生活狀況》第二六一頁，北京圖書館出版社二〇〇三年版。

④轉引自程光煒《艾青傳》第三四〇頁。

⑤《贖罪的話》，《艾青全集》第五卷第四七、四八頁。

⑥《我的父親》，《艾青全集》第一卷五一一頁。

⑦佛洛伊德：《精神分析學引論》，商務印書館一九九七年版。

⑧《艾青全集》第三卷第一八二頁。

⑨《與青年詩人談詩》，《艾青全集》第三卷第四六一頁。

⑩《艾青全集》第三卷第七二頁。

⑪《艾青全集》第五卷第三七八、三七九頁。

⑫周紅興：《艾青的跋涉》第三一六頁。

⑬同⑫第二〇七頁。

第六章 落難：苟活於亂世的邊緣

一、「說話」後的牽涉

一九五〇年代，僅在文藝領域內的批判運動就一浪接著一浪，幾乎沒有喘息的時間。別的姑且不說，就說發生在一九五五年的對胡風集團的批判和一九五七年對丁玲、陳企霞的批判，這兩次事件對艾青的影響是巨大的。

一九五五年五月十三日，《人民日報》公開發表了《關於胡風反革命集團的一些材料》，六月份又公佈了第二、第三批材料，胡風問題迅速升溫，在權力體制高層領導的直接指導下，展開了聲勢浩大的批判運動，作為一個被認定的「反革命集團」，胡風和一批所謂的「骨幹分子」相繼被捕，形成了建國後第一個規模最大的文字獄。凡是與胡風有關係的人都無一倖免，那些過去得到過胡風幫助、扶持、提攜的詩人、作家、編輯，面臨著政治立場與個人良知考驗。有的落井下石，開脫自己；有的在政治的高壓下違心的表態；有的則寧可坐牢也決不出賣朋友，背叛良知。艾青也曾是「七月派」的詩人，與胡風是熟知的朋友關係，可這種關係在政治的「大是大非」面前卻變得非常危險，他是被體制接納了的人，不管怎麼說，也是從解放區來的，無論過去與胡風的私交多麼好，現在都必須要進行政治的表態，僅是口頭的還不行，必須要有書面的，這讓艾青倍感痛苦，他無奈地寫下了表態詩《把奸細消滅乾淨》、《什麼『芽子』》。那時，許多著名的作家、學者都表了態，我們不能說他們都沒有良知，面對強大的國家機器和「牆倒眾人推」的社會環境，有多少人能判斷出事情的對與錯？就憑當時毛澤東的崇高威望和被認爲一貫正確的思想，他怎麼會有錯？錯的肯定是胡風，這是那時大多數人認識的出發點。即便有所懷疑，也只能藏在心裡，被迫去說違心的話，做違心的事。巴金老人在晚年寫的那本厚厚的《隨想錄》中，就勇敢地面對自己的內心，拷問自己的靈魂，他的「懺悔」就是一個知識份子良知的書寫。他在《懷念胡風》一文中這樣寫道：「在那一場『鬥爭』中，我究竟做過一些什麼事情？我記得在上海寫過三篇文章，主持過幾次批判會。會開過就忘了，沒有人會爲它多動腦筋。文章卻給保留下來，至少在圖書館和資料室。其實連他們也早被遺忘，只有在我總結過去的時候，他們才像火印似地打在我的心上，好像有一個聲音經常在我耳邊說：『不許你忘記！』我又想起了一九五五年的事。」①已經被人們遺忘的事，老人爲什麼自己卻牢記不忘呢？「只是爲了那些『違心之論』我絕不能寬恕自己。」這是多麼令人敬佩的一種精神啊，我們的社會所缺少的正是這樣的懺悔意識。對於胡風，艾青沒有留下太多的文字，只看到一篇《思念胡風和田間》，也只是對過程的追述，其中有一段這樣寫道：「一九五四年七月，聽說胡風向黨寫了三十萬言書，對文藝工作提出了很多意見。本來可以通過自由討論解決，卻想不到遭到了嚴厲的批判，終於誇大成了政治問題給以討伐。他被當作敵對分子處理，因他受牽連的人數不少。」②這篇文章寫在一九八六年，給人的感覺是輕描淡寫的。

一九五六年，中共高層在對國際國內的形勢進行評估後，得出大規模的階級鬥爭已基本結束的結論，提出要把工作的重心轉移到經濟建設上來，這無疑是最鼓舞人心的消息。針對文學藝術的建設，毛澤東提出了「百花齊放，百家爭鳴」的方針，允許不同的思想、觀點可以存在並自由爭論。這對壓抑已久的知識份子來說，真可謂心情舒暢，事實證明那是一段陽光燦爛的日子。艾青在那一年寫了二十四首詩，是四九年後創作最多的一年。當時還提倡知識份子以「大鳴大放」的形式幫助共產黨整風，於是天真的知識份子以爲機會難得，便口無遮攔，肆無忌憚地批評時政，批評共產黨的作風，殊不知這是毛澤東的「引蛇出洞」之計，到頭來「秋後算帳」，證據確鑿，專政便也毫不留情地「有的放矢」了。艾青寫的小散文《畫鳥的獵人》、《偶像的話》、《養花人的夢》、《蟬的歌》，明眼人一看就知道他是有感而發，雖不是直接針砭時弊，卻也表達了他的鬱積於胸的情緒，裏面有批評現實的聲音。

一九五七年的夏季，由於毛澤東《組織力量反擊右派分子的倡狂進攻》的指令，形勢急轉直下，短命的「百花時代」結束了。據說作協的整風是分三個階段進行的，第一個階段是整丁玲、陳企霞；第二個階段是整馮雪峰；第三個階段則是整艾青、白朗、李又然等人。③對於丁玲的批判是舊事重提，無限地上綱上線，批判得體無完膚。在一次作協的批判會上，艾青對那些公道盡失的批判者很是不滿，他在忍無可忍的情況下站起來說：「在文藝界，在我們黨內，總是一夥人專門整人，一些人挨整，對於丁玲的鬥爭是過火的、殘忍的，對同志不能一棍子打死，無限上綱，不能搞宗派……」。④這種仗義執言的姿態，儘管也就是說上幾句公道話，可在當時的情境中，能夠做到這一點也是殊爲不易的，那些丁玲爲數不少的舊識新朋，若有能保持沉默的已是很可貴的了，多數都批判得慷慨激昂，用堅定的態度，激烈的話語，把自己開脫得一乾二淨，惟恐與丁玲扯上什麼關係。艾青爲丁玲說話，實際上對文藝界宗派主義現象的不滿，他的批評，無疑於引火焚身。因爲他的「說話」，緊接著就開始了對他的批判，其罪名主要是充當了「丁、陳和江豐反黨集團之間的聯絡員」，艾青被開除黨籍，撤銷了他在文藝界的一切職務、頭銜。由此，政治的狂風暴雨，開始了對一個詩人，一個知識份子精神與肉體的長時間的洗劫。

二、從東北到西北

被打成「右派」的艾青，心情是非常頹唐的，有許多事情他是無法理解的，也是無法接受的，不管怎麼說，從延安開始，他總是在不斷地矯正自己的思想，盡可能地適應主流意識形態的需要，由於他的努力，他被接納到了那個群體之中。如今，他卻被無情地掃地出門，被清理出他曾一度站進去的隊伍，他所承受的那分孤獨、悲涼、甚至是絕望的痛苦都是無以復加的。

艾青的落難引起了一位重要人物的關注，他就是王震將軍，這位一代驍將，時任國家第一任農墾部長。延安時艾青就與他結識，他對艾青的詩歌是比較賞識的，而今艾青落難，他並沒有袖手旁觀，他建議艾青離開北京，到他領導下的北大荒農場去，為此，他還特意去做高瑛的工作。在共產黨的高級領導幹部裏，像這樣關心一位詩人處境的恐怕還不多，這種關懷為艾青荒寒的心田帶去了一絲溫暖。一九五八年四月，艾青帶著夫人高瑛和不滿周歲的孩子未未踏上了前往北大荒的火車，從國家的政治文化中心遷到偏僻的荒原，這種政治和文化的雙重邊緣化，給詩人造成了巨大的心理衝擊和精神重負，類似於流放的命運自己承擔也就罷了，還要拖累老婆孩子，痛苦在齧噬著他的心靈。

艾青一家被安排在位於完達山森林之中的八五二農場，真可謂藏之深山。由於王震的關照，他還是得到特殊照顧，他的「帶罪之身」被淡化，還讓他做了林場名義上的副場長。儘管條件艱苦，置身在自然之中，遠離是非，遠離爭鬥，緊繃的神經也得到了暫時的放鬆，他在這裏生活的一年多時間裏，並沒有受到其他的傷害。

第二年夏天，王震到北大荒視察工作時，發現艾青的生活條件太差，就決定給他換個地方。不久，將他調往新疆生產建設兵團，那裏的條件相對較好。艾青在烏魯木齊暫居後，就到石河子的農八師報到，令他沒有想到的是，這一住就是十六年。也是因為有王震的關照，自上而下，人們對他的到來都比較友好。生活漸漸穩定下來之後，艾青就覺得應該寫點東西來報答這塊接納他的土地。在烏魯木齊暫居時，他就根據真人真事寫了一部十幾萬字的報告文學《蘇長福的故事》，他真的想做點事情。石河子是座在戈壁灘上建起的新城，它是軍墾人用雙手在不毛之地上澆灌出的綠洲，亙古荒原上創造出的奇蹟，讓艾青感受到了希望的所在。他想用自己的筆去表現「綠洲」的生活，他在《綠洲筆記》的自序裏這樣寫道：「這樣的一些稿子，既不是長篇小說的結構，也不是屬於報告文學之類的東西。有人建議稱作《綠洲筆記》，因為它多少有點像《獵人筆記》之類的模式，是比較自由的，並非連貫的，是每篇可以獨立，可以作為一個個小故事的作品。」⑤他以自己所置身的生活環境為依託，在從一九六一年到一九六六年「文革」爆發前夕的時間裏，寫出了「大部分情節都是有根據的」

和人物「多數都是真實的」近三十篇紀實散文，無論是《荒原》、《第一犁》還是《秀才開荒》、《兩個女大學生》，所描寫的都是拓荒者的足跡和他們戰勝困難紮根荒原的精神。

邊緣也不是世外桃源，到一九六六年的時候，艾青的生活又一次遭到了政治颶風的襲擊。由於毛澤東決定要發動「文化大革命」，它的使命就是要「革文化的命」，「革文化人的命」，因此，知識份子作爲「文化人」也就自然在劫難逃。此時的王震維護自身尚且困難，已無力庇護遠在新疆的艾青。當造反派衝進艾青的家的時候，就說明他那種還可以寫作的平穩的生活狀態結束了，他這樣回憶：「我們正在吃飯，忽然跑進來一群人，先是把我們趕到外面後，他們就開始到處亂翻起來。他們想拿的，都拿走了，其中包括我的詩稿。那個時候，哪有什麼道理好講，一切都得忍著，要是吭聲，說不定會遭到更壞的厄運。當時我想到可能天下大亂了，……接著又第二次抄家。從此我們就天天等著被抄家。對我來說，那時什麼事都可能發生的，因爲我是右派，誰都可以欺負，讓你往東，你不敢往西。老實說，命都在人家的手中把著呢！」⑥失去保護的艾青，像一棵風中的稻草，完全喪失了自主能力，任人宰割，任人欺辱。家庭也像裸露在外的鳥巢，已經沒什麼東西可以遮擋風雨了。

伴隨著急風暴雨般政治批判的是艾青的生存處境的迅速惡化，他被勒令搬出師部大院，並被送到一百多公里以外的一四四團二營八連，這裏的生存條件很差，在農八師有「小西伯利亞」之稱。艾青在八連受到嚴密監視，他被孤立了起來，這是最令他無法忍受的。一家人剛開始還住在土坯壘的屋子裏，可在造反派看來，像艾青這樣的人怎麼能有資格住像模像樣的房子?於是，階級鬥爭的無情力量又把他從土平房趕到了「地窩子」，那是一處連隊飼養牲畜的地方。「地窩子」是在平地挖一個數米大小的坑，取一個斜口作爲進出的門，上面用木棍樹枝柴草覆蓋，再壓上土，地上鋪上柴草作爲睡覺的床，然後再在一角挖出土桌子土凳子。這種地方終年不見陽光，陰暗潮濕，稱爲「穴居」是再恰當不過了。艾青別無選擇，一家人只好住了下來。這還不算，他還要面對沒完沒了的批鬥會，他被按著低頭認罪，他臉上被貼紙條、身上被吐口水，頭上被倒上墨水，哪裏還有做人的尊嚴?同時，他還要被迫去做體力勞動——打掃廁所。據我所知，在那個年代，「黑五類」人員大多都做過這樣的事情，知識份子是「臭老九」，好像只配與廁所待在一起。無論是烈日炎炎的夏天，還是天寒地凍的冬天，艾青都要去打掃廁所，除了忍受熏天的臭氣外，還要忍受一些無端的侮辱。

受辱的生活讓人的尊嚴盡失，遑論人格。艾青在非人道的境遇裏過著非人的生活，他的悲哀，他的絕望，他的無助，他的無告，都是可以想像的，他甚至想到了死，可他還是打消了這個念頭，因爲還有指望他的人，那就是妻子和兒女。在一個荒謬的社會裡，個人是微不足道的。上至國家主席，下到黎民百姓，權貴與草根，階層雖然不同，一旦不能自保時，都是一樣的無力。劉少奇尚且如此，何況平民百姓乎？老舍不堪受辱投身太平湖，傅雷夫婦懸梁自盡，趙樹理被折磨致死，等等如此，太多太多。艾青有此想法也是情理之中的事。

知識份子是終身以書爲伴的，沒有書讀是最大的痛苦。在逆境中，艾青開始借助手頭的一本破舊的法文辭典閱讀《羅馬史》，在閱讀的過程中，他對古羅馬的奴隸制有了更進一步的認識，統治者制定了殘酷的法律，剝奪了奴隸的一切權利，更爲惡劣的是居然訓練角鬥士，在他們充滿血腥的互相殘殺中獲得快感。歷史是一面鏡子，當他被詩人拿來照看現實的時候，發現竟有許多耐人尋味的相似之處，這種感觸在他復出後的詩歌中有深刻地表現。

附注

①巴金：《隨想錄》第八八二頁，生活．讀書．新知三聯書店一九八七年版。
②《艾青全集》第五卷第三三二頁。
③據黎辛一九九七年四月十七日回憶，轉引自程光煒《艾青傳》第四四二頁。
④吳洪浩：《不滅的詩魂——艾青》第一四七頁，山東畫報社出版社一九九六年十月版。
⑤《艾青全集》第四卷第三頁。
⑥奇俊：《關於艾青——艾青在新疆》第八六頁，新加坡西冷藝苑一九八三年四月版，轉引自駱寒超著《艾青評傳》第三〇一頁，重慶出版社二〇〇一年版。

第七章 「歸來的歌」：「詩要說真話」

一、《古羅馬大鬥技場》及其他

一九七六年，一場持續了十年的文化專制主義時代結束了。對艾青來說，總算走出了二十多年的黑暗的籠罩，這二十多年是屈辱與辛酸中的苟活，忍受的是精神的閹割和人格的踐踏，人的資格，人的權利，人的尊嚴悉數被剝奪，能活到雲開日出已經很不簡單，是要忍常人之不能忍，然而活下來的又有多少是人格沒有被殘損，精神沒有被扭曲的？對知識份子，精神的折磨遠勝於肉體的折磨，如果把靈魂屠殺了，剩下的也就是行屍走肉了。從這個角度講，艾青是幸運的，他的大腦依然會思考，在經歷了那麼長時間人間地獄的磨難後，他對社會、對人生、對生活都有了別一種認識，這反映在他復出後的詩歌中。

「歸來」後的艾青把長期積蓄在心中生活記憶和情感記憶，化作一首首凝重的詩篇，在五年的時間裏共發表了一百六十八首詩，出版了《歸來的歌》、《彩色的詩》、《雪蓮》等三部詩集，形成了他晚年的一道亮麗的景觀。儘管這些作品不一定都是優質的（確實也存在相當一部分粗糙的作品），但詩人在壓抑多年後爆發出的創作的激情和生命力是令人敬佩的。被打成「右派」後長期的批鬥、勞改生涯，艾青付出了極大的代價，靈與肉的摧殘以及造成一隻眼睛失明，個人悲苦的逆境與他關注國家、關注民族命運的憂患意識融合在一起，這成爲他復出後詩歌創作的情感基調。從事實的層次上升到哲理的層次，用理性的思考節制主觀的抒情，他把個人命運、具體事象，放在宏闊的視野下進行關照，在深邃的歷史時間和空間中考察個人與民族、歷史與現實之間的關係。作於一九七八年的《魚化石》，詩人重新恢復了對於生命價值的探討，「魚」原本有自己的世界，動作活潑，精力旺盛，「在浪花裏跳躍，／在大海裏沉浮」，可是外力無情地將它掩埋，它失去了自由。當它作爲化石被發現的時候依然栩栩如生，「但你是沉默的，／連歎息也沒有」，凝視化石，詩人得到一個啓示：「離開了運動，／就沒有生命」，「活著就要鬥爭，／在鬥爭中前進，／即使死亡，／能量也要發揮乾淨」。詩人在一種生命形式演變的隱喻裏，表達了「二十年被埋沒」的痛苦，表達了對不能自由呼吸，不能發揮生命能量的時代的反抗。

一九七九年五月，艾青等受邀訪問歐洲三國。對義大利的參觀訪問，直接觸發了他對長詩《古羅馬大鬥技場》的寫作。一個久遠的圓形的廢池，引起了詩人對歷史情景的想像，他從人們很容易獲得的現實經驗出發，即見到圓的小瓦罐裏鬥蟋蟀的場面，進入歷史的場景——古羅馬的大鬥技場，奴隸主貴族爲了娛樂修建一座宏偉的圓形建築，它是「全世界最大的鬥技場」，「可以容納十多萬人來觀賞」。「想當年舉行鬥技的日子／也許是一個喜慶的日子」，古羅馬的人穿上節日的盛裝，從四面八方湧向鬥技場，「真是人山人海——全城歡騰／好像慶祝在亞洲和非洲打了勝仗／其實只是來看一場殘酷的悲劇／從別人的痛苦激起自己的歡暢」。那些被迫去決鬥的奴隸，彼此沒有仇恨，但他們在被驅趕進鬥技場後，必須用盡全部的生命力量去殺死對方，因爲他們之中只能有一個活著。還有就是挑選體格健壯的奴隸，讓他和兇猛的野獸決鬥，要麼被野獸吃掉，要麼殺死野獸。不管哪一種形式，都是性命交關，都是性命相搏。人們從這種血腥的殘忍中，獲得了一種娛悅的滿足和原始的快感。那麼，是誰給了那些奴隸主剝奪別人生命的權力？是什麼力量讓一個人變成奴隸而失掉對命運的自主？這裏面的思考是歷時性的，從微觀的鬥蟋蟀，到古羅馬大鬥技場，再上升到宏觀的角度觀察當今的世界，發現「整個地球是一個最大的鬥技場」。專制、霸權、奴隸主思想是產生奴役的土壤，「不要做奴隸！／要做自由人！」這是反抗的吶喊，也是詩人心底的聲音。歷史是現實最好的老師，它會告訴你什麼是對的，什麼是錯的。詩人對「文革」歲月中發生的規模宏大的人與人之間的「鬥技」有著慘痛的記憶，對怎麼對人進行奴役有著刻骨銘心的體驗，這首詩是詩人站在歷史的角度進行現實的批判。

詩歌《盆景》所要表達的是對異化和扭曲的反思，「盆景」的地位是突出的，它有名貴的架子，「冬不受寒，夏不受熱」，生活在比較舒適的環境裏，但在詩人眼裏「它們都是不幸的產物」，爲什麼這樣說呢？原因就在於它們「早已失去了自己的本色」，「在各式各樣的花盆裏／受盡了壓制和委屈／生長的每個過程／都有鐵絲的纏繞和刀剪的折磨／任人擺佈，不能自由伸展／一部分發育，一部分萎縮／以不平衡爲標準／殘缺不全的典型／像一個個佝僂的老人／誇耀的就是怪相畸形」。①這是一種被扭曲的生命，失去了自己生命的本色，不能按照自己的意願自由舒展，雖然也有枝有葉，但它支撐的卻是「一個個殘廢的生命」，他可以隨意被人修飾，隨意被刀砍斧削，折騰成各種主人喜歡的樣子，可這都不是它的本來面貌。這讓我想起清代詩人龔自珍寫的《病梅館記》來，扭曲而成的「美」就是一種病態的表現。艾青對沒有自由、失掉自我感受是深刻的，《盆景》也是他有感而發，借物抒懷。

「光明」與「黑暗」一直是艾青詩歌表現的對立的主題，光明是戰勝黑暗的力量，他也是詩人矢志不移追求的人生理想，從早期的詩歌《太陽》、《向太陽》、《火把》等到晚年的《光的讚歌》，可以看出他對這一主題的執著。由於漫長的人生逆境，由於暗無天日的「地窩子」生活，還由於一隻眼睛失明的殘酷的現實，使他對於黑暗的恐懼和對光明的渴望一下子變得非常迫切而具體。這種直逼內心的感受讓他將個人對光的認識提升到了宇宙——歷史——社會人生的宏闊視野，光是一種自然現象，給世界帶來了色彩、聲音和生命，光又是一種精神現象，它象徵著人類的智慧、理想和勇敢。詩人把現實與歷史結合起來，在深邃的歷史背景下將民主與專制、光明與黑暗、科學與愚昧的較量進行展示，並在展示中完成了對光的讚美。

復出後的艾青提倡「詩人必須說真話」。他說：「人人喜歡聽真話，詩人只能以他的由衷之言去搖撼人們的心。詩人也只有和人民在一起，喜怒哀樂都和人民相一致，智慧和勇氣都來自人民，才能取得人民的信任。」② 詩人的詩受到人民的歡迎，是因爲他說了真話，說了心裏話。在過去的許多年中，很多詩人用虛假的語言粉飾太平，沒有獨立的詩品，實際上也就意味著詩人沒有獨立的人格。提倡說真話，是對那種假大空滿天飛的社會風氣的反駁，就是做到這一點，也是需要勇氣的。

二、故鄉：依然是心靈的家園

還是在艾青最無助、最孤獨的一九七〇年代，因長久地被孤立於生活之外，他急切地尋找可能的對象進行傾訴，他想到的首先是自己的親人，這從他寫給海濟、海濤、雯娟的信就可以看出。親情的牽掛帶給人的是一種無以替代的心靈的慰藉，它好像表達著一種天然的信任，萬里之遙親人的一句問候，就足以讓孤寂荒寒的心田倍感溫暖。中國人對於鄉土的眷戀是有傳統的，離開家鄉就是遊子，不管走多遠，不管時間多長，落葉總是要歸根的，這個「根」就是故鄉。

晚年的艾青回過兩次故鄉，一次是一九八二年，離七三年的回鄉相隔又是近十年，從杭州到金華，從金華到畈田蔣，艾青所到之處，備受尊敬，備受歡迎。尤其是在故鄉金華，人們把鮮花和掌聲獻給這位歸來的遊子，在浙江師大的校園裏，年輕的學子圍坐在他的周圍，談論著關於詩歌的話題，笑語歡聲，詩人和學生都陶醉在輕鬆而富有詩意的氛圍中，對艾青來說，這樣的感覺已是久違了。當他出現在畈田蔣的村口時，村裏的男女老幼幾乎都來了，淳樸的人們用無言的掌聲表達了他們的心意——這裏永遠是你的家，隨時歡迎你回來！「少小離家老大回，鄉音無改鬢毛衰」，人老了，可總有不變的情懷，感情的細浪翻捲在詩人的心田，他的眼睛濕潤了，這應了他曾經的一句詩：「為什麼我的眼裏常含淚水？因為我對這土地愛得深沉……」。光陰荏苒，物是人非，老屋已是人去樓空，留下的只有綿長的懷想。大堰河的兒子蔣正銀來了，他用粗糙的手撫摸著這位奶弟，無言地表達著他的情意。弟弟、弟媳，侄兒、侄女都從金華趕來了，詩人盡情地享受著親情的溫潤。

十年後的一九九二年，艾青重返故鄉，當八十二歲高齡的詩人被人攙扶著走上浙師大的講壇的時候，他講到了「月是故鄉明」，思鄉之情溢於言表。然而，十年中會發生很多事，再加上詩人自己心境的變化，這次人生中最後一次回鄉註定是傷感和憂鬱的。他的二弟業已病逝，大堰河的兒子蔣正銀也離開了人世，上次那些親情的言笑，有的只能是回憶了。詩人爲自己的乳娘立了一塊墓碑，碑上刻著他親手書寫的「大堰河之墓」，並在一塊水泥製成的碑上刻上他的詩句：「大堰河，是我的保姆／我敬你，愛你！」。

一九九六年五月五日淩晨，艾青帶著對土地的深情厚愛，帶著對故鄉的眷戀，帶著他慣有的憂鬱的眼神，跟他生活了八十六年的世界告別了。得與失、榮與辱、沉與浮對他都已不再重要。

他走了，只留下了對這個世界憂鬱的注視……

附注

①《艾青全集》第二卷第四八六頁、四八七頁。

②《在汽笛的長鳴聲中》，《艾青全集》第三卷第三九七頁。